AI와 레거시 콘텐츠 사업자의 변화

인공지능총서

인공지능 시대입니다. 기계가 인간의 인지를 대신하고, 사물이 인간을 통하지 않고 다른 사물과 직접 커뮤니케이션합니다. 이에 따른 인간 삶과 문명 변화를 정확히 이해 · 예측 · 대응하는 것은 이 시대 우리 모두의 과제입니다. 인공지능총서는 인공지능 기술과 환경의 여러 주제를 10가지 키워드로 정리합니다. 관련 개념과 이론, 학계와 산업계의 쟁점, 우리 일상의 변화를 다룹니다. 인간과 기술의 현재, 미래를 세심히 분석합니다.

일러두기

- 인명, 작품명, 저서명, 개념어 등은 한글과 함께 괄호 안에 해당 국가의 원어를 병기했습니다.
- 외래어 표기는 현행 어문규정의 외래어표기법을 따랐습니다.

처음이세요?

전문가세요?

AI와 레거시 콘텐츠 사업자의 변화

조영신 · 이종민

대한민국, 서울, 커뮤니케이션북스, 2025

AI와 레거시 콘텐츠 사업자의 변화

지은이 조영신 · 이종민
펴낸이 박영률

초판 1쇄 펴낸날 2025년 3월 28일

커뮤니케이션북스(주)
출판 등록 2007년 8월 17일 제313-2007-000166호
02880 서울시 성북구 성북로 5-11
전화(02) 7474 001, 팩스(02) 736 5047
commbooks@commbooks.com
www.commbooks.com

ISBN 979-11-7307-614-5 03500

책값은 뒤표지에 표시되어 있습니다.

차례

현저한 격차

논의를 하기 위한 사전 진단

생성형 AI(Generative AI) 관련 시장은 숨가쁘게 돌아가고 있다. 속도전이다. 2022년 11월 챗GPT(ChatGPT)가 소개된 지 채 2년이 되지 않아 네 번의 큰 개선(version up)이 이루어졌을 뿐만 아니라, 빠른 생각(think fast) 영역의 시스템 I에서 추론이라고 할 수 있는 느린 생각(think slow) 영역인 시스템 II로 진화하고 있다. 파운데이션 모델에 기반한 응용 영역에서의 속도도 만만치 않다. AI 목록 사이트인 theresanaiforthat.com엔 2024년 상반기 기준 10,000개가 넘는 생성형 AI 툴이 등록되어 있을 정도다. 챗GPT의 버전업이 있을 때마다 새로운 것들이 생기고 또 소멸한다. 생성형 AI는 텍스트 생성, 이미지 생성, 비디오 생성, 음악 제작, 코드 작성 등은 물론이고 비즈니스 자동화 등 사실상 제작과 관련된 전 분야에서 효용성을 내세우면서 등장하고 있다. AI 시장은 매년 33% 이상 성장하는 고성장 산업 영역이고, 2019년 500여 편에 불과했던 생성형 AI 관련 논문이 2023년에는 2,500편을 넘었다. 직간접적으로 AI를 도입한 기업이 2019년 30%에 불과했다면 2023년 말 기준 60%를 넘어섰다. 짧은 순간에 전 지구가 AI를 중심으로 재편되고 있는 상황이다.

사람들의 불안감과 기대에 기댄 관련 시장도 열렸다. 챗GPT를 활용한 프로그램 기획 워크숍 등 정부 기관 및 유관 단체는 물론이고 민간 단체에서도 AI 툴을 이용해서 손쉽게 영상을 만들 수 있는 방법을 제공하는 데 앞장서고 있다. 심지어 〈2분 만에 숏폼 영상 만들기〉 같은 클립도 지천이다. 제목만 보면 마치 고도의 창의성과 스킬셋(skill set)이 필요한 영상 및 방송 시장은 사라지고, 누구나 손쉽게 영상을 만들 수 있는 시장이 곧 도래할 것 같다. AI 영화제에 공모한 작품의 수만도 20,000여 편에 이를 정도다. 현대자동차는 AI로 광고를 만들었고, 코카콜라는 100% AI로 만든 광고를 선보였다. 일반인이 AI를 활용해 볼보 광고를 만들었다며 화제가 되기도 했다. 가히 '들불' 같은 트렌드다. 그러나 영원히 지속되는 들불은 없다.

트렌드는 조건일 뿐 선택은 냉정하게 해야 한다. 초기의 환호에 경도되지 말고 가능한 것과 가능하지 않은 것을 분별하고, 할 수 있는 것과 할 수 없는 것을 정리하는 시간이 절대적으로 필요하다. 바로 냉정의 시간이다. 냉정하기 위해서는 세 가지 선결 요건을 검토해야 한다. 첫째는 기술의 수준이다. 기술적 진화는 분명하다. 그러나 산업과 사업의 관점에서는 기술적 진화가 실제로 상업적 제품으로 나올 수 있는 수준인지를 살펴보는 것이 무엇보다 중요하다. 메타버스, 인터랙티브 콘텐츠 등 주목과 환호를 받았으나 지속되지 못했던 시장의 예가 넘쳐난다. 수준을 판단하기 위해서는 그 목적이 분명해야 한다. 자막을 개선하는 데 쓰이는 것인지, 시나리오 작성에 도움을 주는 것인지, 편집을 도와주는 것인지 등 구체적인 역할을 지정해야 한다. 콘텐츠 창작 단계의 복잡성을 감안할 때 두리뭉실하게 후반작업에 도움이 된다거나 하는 식으로는 정확한 기술 수준을 판단하기 어렵다.

둘째로 생성형 AI를 사용하는 주체가 누구인지를 분명히 해야 한다. 플랫폼 사업자가 사용하는 것인지, 콘텐츠 제작 사업자가 사용하려고 하는 것인지가 정리되어야 한다. 다시 이 분류에서도 영화와 방송과 같은 레거시 사업자가 쓰려고 하는 것인지, 아니면 유튜브 1인 크리에이터가 쓰려고 하는 것인지, 그것도 아니면 숏폼 제작에 이용할 것인지를 판단해야 한다. AI가 대사를 자막으로 처리해 줄 순 있지만 아직은 감수 등 추가 작업이 수반되어야 완벽해진다. 이 정도 기술 수준이라면 유튜브용으로는 가능하지만, 레거시 방송 프로그램에서는 부족하다. 따라서 레거시 영역에서는 효율의 정도와 가지고 있는 자원의 특성에 따라서 비용 절감 효과 여부가 결정된다. 도입 그 자체가 비용 절감으로 바로 연결되지 않는다.

셋째는 AI에 대한 정리다. 미디어 시장은 지난 10여 년간 AI를 차근차근 도입해 왔다. 넷플릭스 등은 개인화 추천 서비스에 AI를 적극적으로 활용하고 있다. 시청 이력에 맞추어서 작품을 추천하는 것은 물론 개인화된 썸네일(thumbnail)도 제공했다. 누구(NUGU), 지니(Genie), 빅스비(Bixby) 등 미디어 플랫폼은 TV에서 검색이 불편하다는 것에 착안해 음성 기반 검색 서비스를 제공하기도 했다. 드론 촬영 때도 흔들림 방지 기술이 적용되었고, 알아서 촬영 대상자를 인식해서 추적 촬영을 하기도 한다. 이 모든 것들이 머신러닝 기반의 AI 기술이 적용된 사례다. 오늘 이 순간에도 이들 기술은 조금씩 개선되고 있다. 그러나 최근에 등장한 AI는 LLM 기반의 생성형 AI다. 검색이 아니라 답을 찾아 주고, 말만 하면 관련한 이미지를 생성해 준다. 클링(Kling.ai) 등은 특정 이미지를 시작과 끝으로 정해 주면 그 중간을 메워서 영상을 만들어 주기도 한다. 어린아이가 달려가는 장면과 어른이 달려가는 장면을 붙여 주면 자연스럽게 어린이가 어른으로 바뀌는 영상의 생성이 가능하다. 이처럼 컴퓨팅(computing)이 우리의 요구에 맞추어 무언가를 생성해 주고 있다. 이 둘 AI 모두 머신러닝에 기반을 두긴 하지만 그 용도가 다르다. 따라서 우리가 이야기하는 AI가 소위 머신러닝 기반의 일반 AI인지, LLM 기반의 생성형 AI인지를 분별하는 것이 필요하다.

이런 요소들을 분명하게 나누고 정리해야 시장 적용 여부와 가능성, 더 나아가 시장에 미치는 영향을 추론적 수준으로나마 예상해 볼 수 있다. 어설프게 지금 나오는 다양한 생성형 AI 프로그램이 이런 것이 있고, 이런 기능이 있고, 그래서 '이런 일도 가능하다더라' 식의 접근으로는 시장의 변화를 예상할 순 없다. 앞서 언급한 AI 영화제는 AI로 이런 영화도 만들 수 있다는 예시는 되지만, 그렇기 때문에 AI를 통해 상업용 영화를 만들 것이라는 의미는 아니다. 대표적인 영상 제작 AI 업체인 런웨이(Runway)가 라이언스게이트(LionsGate)와 전략적 제휴를 맺었다는 뉴스는 활용 가능성을 탐색하고 있다는 정보값 이상의 의미는 없다. 현재는 AI 영화제의 대상 수상작이라고 하더라도 돈을 주고 볼 만한, 그래서 상업적인 가치를 가진 영화는 없다. 현대자동차의 AI 광고 역시 그 광고 자체의 가치보다는 AI로 만들었다는 화제성을 염두에 둔 마케팅 성격이 강하다. 코카콜라의 AI 광고는 심지어 영혼 없는 광고라는 혹평을 받고 있기도 하다. 물론 AI라는 이름값 때문에 주목을 받을 순 있었지만 아직은 상업적인 수준이 아니라는 의미이기도 하다.

정리해 보면 이렇다. 기술적 변화는 미디어 섹터 내 전반에 걸쳐 영향을 미치기 때문에 그 길에서 착시와 혼동이 발생한다. VR 기술이 발전했다고 하지만, 일부 특수 영역에서만 수요가 있을 뿐 전반적인 미디어 시장 내에서 수용되지 못했고, 메타버스가 새로운 아이콘이 될 것처럼 보였지만 이 역시 특수 영역에서 효용성을 가지고 있을 뿐 미디어 전체 생태계에 영향을 미치지 못했다. 미래를 준비하기 위한 R&D라고 하더라도 무작정 투자하긴 힘든 현실에서 비용 절감 등 실용성을 염두에 둔 것이라면 더더욱 분별은 중요하다. 따라서 특정 기술이 등장했을 때 목적을 분명하게 정하고, 그 목적에 부합하는 기술인지를 판단하는 것이 중요하다. 비용을 절감하고 효율성을 높이기 위한 수단인지, 수익을 위한 수단인지, 신규 사업자의 진출을 촉진하는 것인지, 기존 사업자의 프로세스를 개선하는 것인지 등 어떤 앵글로 특정 기술을 보는지에 따라서 해석의 범위와 깊이가 달라진다.

이를 위해서 현재 레거시 콘텐츠 시장에서 워크플로(Work flow)별로 일반 AI와 생성형 AI가 어디까지 도입되어 활용되고 있는지를 먼저 살펴보자.

레거시 콘텐츠 업체의 AI 채택 수준

대표적인 레거시 콘텐츠 업체인 지상파 방송사와 CJ ENM은 2010년대 후반부터 AI를 조금씩 적용해 왔지만, 레거시 방송사들이 적용하고 있는 AI 분야는 서로 다르다.

CJ ENM은 콘텐츠 제작 기술에 AI의 역량을 집중했다. 한정된 예산을 인정하고, 창작자의 창의력을 극대화하는 수단으로 AI를 본 것이다. 2019년 R&D 센터를 설립해 메타버스, 딥페이크(Deepfake), XR 등 새로운 기술 개발을 추진했다. 드라마, 예능 등 상업 콘텐츠에 적용 가능한 AI 기반 딥페이크를 개발해 〈AI 음악 프로젝트 다시 한번〉, 드라마 〈나빌레라〉에 적용했다. 또한 국내 방송용으로 제작된 콘텐츠를 해외 유통할 때 저작권으로 인해 배경음악을 교체해야 하는 이슈를 해결하기 위해 AI 음악 창작 스타트업인 포자랩스에 투자했다. 이는 콘텐츠에 필수적인 배경음악을 AI로 제작해 사용할 수 있는 AI 음원 서비스 'CJ ENM Air'의 발판이 되었다.

2023년 론칭한 'CJ ENM Air'는 영상 제작진이 분위기, 테마, 장르 등을 입력하면 AI가 완성도 높은 음원을 창작하고, 이 중 콘텐츠에 가장 잘 어울리는 음원을 선택해 활용할 수 있는 시스템이다. 60분 분량의 콘텐츠 한 편당 필요한 음원의 숫자는 100여 곡이 넘는다. AI 창작을 활용하면 음원을 수급하는 시간과 비용을 획기적으로 줄일 수 있으며, 저작권 이슈도 없기 때문에 글로벌 유통도 손쉬워진다.

CJ ENM이 2021년 구축한 버추얼 스튜디오(Virtual Studio)도 AI를 활용한 디지털 애셋(Asset) 제작으로 콘텐츠 제작의 효율화를 추진하고 있다. 드라마 〈눈물의 여왕〉에 사용된 자작나무 숲 장면은 비주얼 아티스트 한 명이 이틀 만에 만들어 낸 가상의 숲을 배경으로 버추얼 스튜디오에서 촬영되었다. 감독의 마음에 드는 장소를 찾고 섭외한 후 전 스태프가 이동해 오랜 시간을 기다려 촬영해야 했던 과거 대비 시간과 비용을 크게 절약할 수 있었다. 또한 CJ ENM은 'AI사업추진팀'을 신설하고 2022년 설립된 CJ AI 센터와 협업해 콘텐츠 트렌드 분석, 자막과 CG의 자동 생성, 최적화된 콘텐츠 추천 등 콘텐츠 사업 전반에 AI 도입을 추진하고 있다. 이처럼 CJ ENM의 AI 전략은 AI를 활용해서 실질적인 제작 역량을 강화하는 데 목적을 두고 있다.

이에 비하면 지상파 3사의 움직임은 사뭇 다르다. 우선 KBS는 2018년 버티고(VVERTIGO)를 개발했다. 기존 멀티캠(multicam)의 한계를 극복하고 효율성을 극대화하기 위한 시도였다. 버티고는 1대의 8K 카메라로 촬영한 영상 속의 여러 인물(피사체)을 자동으로 추적하고 소위 직캠이라고 할 수 있는 개별 영상을 생성해 마치 멀티캠을 사용한 것과 동일한 결과물을 생산하는 시스템이다. 멀티캠을 도입하는 것에 비해서 비용을 낮추고 효율을 높일 수 있게 되었다. 2019년부터 글로벌 770만 구독자를 가지고 있는 KBS K-Pop 유튜브 채널인 〈뮤직뱅크〉, 〈불후의 명곡〉 직캠 제작에 사용하고 있다. 2022년에는 버티고 라이브를 실제 촬영에 적용했다. 전형적인 비용 절감 기술이면서도 유튜브 전용 콘텐츠 제작이라는 관점에서 보면 신규 수익 확보 기술이기도 하지만, 방송 서비스를 개선하거나 하는 조치는 아니다.

KBS는 기존 버티고의 고도화 작업만 하고 있을 뿐 더 이상의 AI를 도입할 계획은 당분간 없어 보인다. KOBA 2024에서 KBS는 버티고의 확장 버전인 버티고 비전(VVERTIGO Vision)을 공개했다. AI가 무대 배경을 학습해서 3D 혹은 VR 버전용 무대 배경으로 자동 전환을

해 주는 기술이다. 별도의 무대 장치나 배경 작업을 하지 않아도 기존 2D 무대 배경을 3D 환경으로 전환해 주기 때문에 3D 콘텐츠 제작 시 추가 비용이 발생하지 않게 된다. 그러나 3D 콘텐츠의 필요성이 높지는 않아 상용화 시점은 아직 미정이다. 그 외에도 AI를 활용한 컬러 복원 등은 외부 업체와 손잡고 방송 프로그램 등에 부분적으로 적용하고 있고, 스토리 보드와 자동 가편집 등에 AI를 도입하려는 계획도 있는 것으로 파악되고 있다. 다만 그 실효성 등의 문제로 인해서 정확한 시점은 기약할 수 없는 상황이다.

MBC는 이미지의 화질 개선에 주력하고 있다. 최근 MBC는 2006년도 자사 대표 흥행작인 〈내 이름은 김삼순〉의 화질을 개선해 재방영을 했다. 비용 대비 괜찮은 시청 지표를 기록하기도 했을 뿐만 아니라 웨이브(Wavve)에서는 가입자 견인 1위 프로그램으로 기록되기도 했다.

국내에서 아날로그 서비스는 2012년에 종료되었다. 그 이전 프로그램들은 디지털로 촬영되었다 하더라도 34만 화소(720×480)의 SD급이 대부분이었다. 최근 출시된 대부분의 TV가 FHD를 기본으로 하고, 4K와 8K를 지원하는 상황이기 때문에 2012년 이전 작품들은 원본 자체로는 재활용하기가 부담스러운 상황이었다. 그렇다고 저화질 이미지를 억지로 늘릴 경우 화소가 깨지거나 경계가 찌그러지기 때문에 각각의 이미지 수십만 장을 일일이 수정해야 화질 업스케일(upscale)이 가능하다. 그런데 인공지능 기술을 적용할 경우 노이즈 제거는 물론 채도와 명암비 조정 등 1차 수정 시간이 40분이면 충분하고, 비용도 일일이 수작업에 의존했을 때 대비 10분의 1 수준으로 줄일 수 있다. 다만 MBC의 화질 업스케일은 MBC가 자체적으로 개발한 것이 아니라 외주 전문 AI 업체인 포바이포(4BY4)와 협업한 사례다. 2020년에는 SKT의 이미지 업스케일링 기술인 슈퍼노바(Supernova)를 채택해 〈대장금〉의 이미지를 개선한 적도 있고, 2023년에는 SKT의 슈퍼노바 VOD 트랜스코더, 라이브 컨버터를 구입하기도 했다. 다만 삼성전자 등 TV 제조사들도 AI 업스케일링 기술을 적용해 자동으로 화질을 개선해 주는 제품을 출시하고 있고, 2024년 11월에 발매된 소니의 플레이스테이션5 프로에도 AI 기반 업스케일링 기술이 채택되어 있는 상황에서 장기적으로 효용성이 존재할지에 대해서는 지속적으로 검토가 필요하다.

이 외에도 MBC는 STT(Speech To Text) 서비스도 현장에 적용했다고 하지만, 실제로는 운영상의 오류가 많아서 확대 적용하지는 못하고 있는 상황이다. 현재 시장에서 파악 가능한 MBC의 AI는 딱 여기까지다. 과거 프로그램을 활용할 수 있다는 점에서 가장 수익이 확실한 화질 개선 분야에 AI를 적용했다는 점은 분명하다. 그렇지만 AI 시장에서 존재감은 거의 없다. 내부에서 자체적인 R&D 등도 제대로 진행되지 못하고 있는 실정이다. 협업이라곤 하지만, 외부 업체의 기술을 가져와서 적용할 뿐이다. 더구나 최근에는 기술 연구소도 축소한 상황이라 앞으로도 큰 기대를 하긴 어렵다.

지상파 방송 3사 중에선 SBS가 AI 도입에 가장 적극적이다. 전임 박정훈 대표가 SBS 대표로 있을 때 적극적으로 AI의 도입을 독려했고, 현재도 스튜디오 S 제작 부문 대표이사로 있으면서 AI의 활용에 적극적이다. 가장 먼저 눈에 띄는 것은 통합 AI 플랫폼이다. KBS와 MBC가 특정 분야에 한정된 응용 영역에 AI를 도입하고 있다면 SBS는 더 근원적인 시스템 구축 단계에서부터 AI를 적용하고 있다는 점에서 확연한 차이를 보인다. 2010년대 중반에 데이터 기반의 CMS를 구축해 두었기 때문에 가능한 영역이다. 인물 얼굴 검색, 방송 이미지 검색은 물론 영상 자막 생성 등이 이미 실제 방송에 적용되어 있고, 기존 방송 이미지와 소리를 분석해서 데이터를 생성할 수도 있다. SBS는 STT를 적용해 외신 자동화, 편집비서2.0(예능/교양), 미방송 아카이브 검색 등에 활용하고 있고, AI 통계 시스템이나 AI 음악 선곡 등에도 적용하고 있다. 최근에 SBS는 SMR(Smart Media Rep)의 핫클립 자료를 가지고 딥러닝을 한 뒤, 자동으로 핫클립을 생성할 수 있게 되었다. 심지어 여러 핫클립을 엮어서 매시업(mashup)도 가능한 수준에 이르렀다. 다만 콘텐츠의 특성상 유튜브에 주로 적용되고 있다. 하지만 이러한 노력에도 불구하고 실제 현장에서의 활용도는 제한적이다.

이 정도론 전체 제작 단계에서 어느 정도로 AI가 적용되었는지를 파악하는 것이 쉽지 않다. 콘텐츠 제작은 생각보다 복잡한 과정 속에서 수정을 반복하면서 진행되기 때문에 어느 한 부분에 AI가 도입된다고 하더라도 눈에 드러나는 효과를 보여 주기가 쉽지 않다. 이를 조금 더 분명하게 파악하기 위해서 사전 기획 단계부터 방송 송출 및 재방송 단계까지를 다음 그림에 정리했고, 어느 부분에 AI가 적용되어 있는지를 매핑했다.

그림에서 굵은 글씨로 표시한 부분인 '프리뷰', '자료 화면 및 자료 이미지', '레이어 쌓기'가 현재 SBS의 방송 제작 시스템에 AI가 도입된 영역이다. 앞서 설명한 것처럼 KBS와 MBC는 방송 본연의 서비스에는 AI를 적용하지 못했다. 버티고의 경우 현장 촬영 단계에 적용할 수

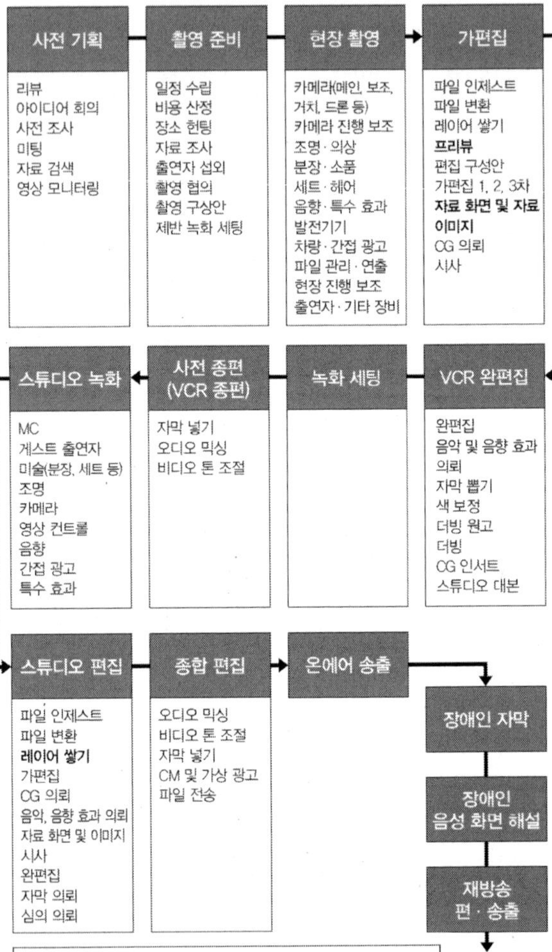

생방송의 경우
스튜디오 생방송 준비 / 심의 / 자막 / 시간 체크 / 대본
생방송 = 녹화와 동일 수준의 미술과 시설 준비 / 오디오 믹싱 /
비디오 톤 조절 / 자막 넣기 / CM 및 가상 광고 / 중계차 연결

있긴 하지만, 최종 프로덕트의 목적이 유튜브를 위한 것이기 때문이다. 과거에 제작된 프로그램의 화질 개선을 중심으로 하는 MBC의 AI는 과거 프로그램의 유통 전략의 일환일 뿐이기 때문에 방송 제작 단계 중 하나라고 보긴 힘들다. SBS가 핫클립을 생성하고 매시업을 하더라도 유튜브 영역이다. 따라서 엄밀하게 현재 방송사가 채택하고 있는 AI는 위의 단계도에서만 보면 굵은 글씨로 표시된 것이 전부다. CJ ENM의 케이스를 적용한다면 촬영 단계에서 가상 스튜디오 덕분에 장소 헌팅 작업 등을 일부 덜어 주고 있고, 편집 시 음악 작업과 저작권 관리 부분의 번거로움을 덜어 준다는 정도가 추가될 것이지만, 이것 역시 세분화된 단계 중에서도 일부이기 때문에 전체 제작 공정의 효율성이라는 관점에서 보면 크게 눈에 띄지는 않는다.

이렇게 정리하고 보면 콘텐츠 제작의 첨병이라고 할 수 있는 방송사에서 AI 적용 수준이 생각보다 낮지 않냐는 반문이 생길 수 있다. 그러나 단순히 적용된 단계의 숫자 등만을 놓고 현재의 적용 수준을 폄하하는 것은 부당하다. 단순해 보이는 이 작업마저도 상당한 투자와 인프라가 구축되어 있어야만 가능하기 때문이다. SBS가 도입해서 적용하고 있는 프리뷰 작업을 상세히 살펴보

자. 촬영을 하고 나면 수천 분의 작업량이 기록된 영상물이 생긴다. 향후 편집을 하기 위해서는 사전에 이 촬영물에 대한 색인 작업, 장면 정보 등 메타데이터 작업을 진행해야 한다. 일일이 장면을 보고 손으로 입력하는 것이 현재까지의 작업이었다. 나중에 해당 장면을 찾거나 할 때 손쉽게 찾기 위한 것이어서 누가 어디서 어떤 장면을 찍었고 어떤 대사가 있었는지를 기록해 두는 것은 매우 중요한 작업이고 중장기적으로 일의 부담을 줄여 주는 작업임은 분명하다.

이 작업은 대부분 연출 부서의 막내나 프리랜서 등이 수행해 왔다. 음성 인식 기술을 활용해서 대사를 정리하고, 인물 인식 등을 통해서 누가 나왔는지를 식별하고, 장소 배경 등의 정보까지 AI가 한눈에 정리해 준다면 단위 프로그램 차원에서 가장 할 일 많은 이들이 조금 더 효율적으로 전체 공정에 참여할 수 있을 것임은 분명하다. 제대로 작동만 된다면 한두 명의 인건비를 줄일 수 있을 뿐만 아니라 기록 방식이 표준화된다는 장점도 있다. 특히 단위 프로그램의 제한된 예산을 감안한다면 인건비를 절감하고 전반적인 일의 효율성을 높여 제작 역량을 집중시키는 데 큰 도움이 되는 것은 분명하다. 아직은 완벽한 수준이 아니라서 사람의 감수와 수정이 필수적이기 때문에 인건비 절감 효과가 제한적이지만 이런 작업이 지속적으로 진행된다면 전반적인 데이터의 품질이 좋아져서 대사 기반의 검색 시스템 등에서도 활용할 수 있다.

결국 제대로 된 하나의 서비스가 구현되면 그로 인한 파급효과는 상상을 초월할 수 있다. 그 임계점을 넘지 못하고 있을 뿐이다. 더구나 AI의 기술적 속성상 방송사의 각종 일 처리 단계에 이미 부지불식간에 적용되어 있다. 방송사에서 주로 사용하는 편집 툴에 이미 AI 기능이 들어와 있고, CG 등 일부 영역에서도 AI라고 인식하지는 못하지만 자동화 기능이 포함되어 있다. 다만 이런 기능들은 과거부터 있어 왔던 일반 AI의 진화 차원이고 생성형 AI 수준은 아니라는 차이가 있을 뿐이다.

이처럼 아직은 회사 단위에서 AI 적용은 제한적이다. AI 도입으로 인해서 방송사의 일 처리가 단기적으로 급격하게 변할 가능성은 낮다. 단기간에 투자를 한다고 해서 방송사의 AI 수준이 급격히 향상될 여지도 없다. 여기에는 몇 가지 이유가 있다. 일단 방송사에서 이루어지는 대부분의 일들이 외주에 의존하고 있다. WBD(Warner Brothers Discovery)는 최근 구글 클라우드와 손을 잡고 장애인 해설 자막 작업에 AI를 투입해 80%의 시간과

50%의 비용을 절약했다고 밝힌 바 있다. 그러나 지금 당장 국내에서는 방송사가 AI를 도입해 장애인 해설 자막 서비스를 대체하기는 힘들다. 장애인 해설 자막 자체가 국고의 지원을 받고 있는 사업이고, 국내에 2개밖에 없는 장애인 관련 업체가 수행하고 있기 때문에 단순히 효율성만을 이유로 대체하긴 힘들기 때문이다. 또한 방송사의 프로그램 제작은 공통 설비를 제외하고는 개별 프로그램별로 유닛(Unit)이 독립적으로 운영되기 때문에 개별적으로 AI를 활용하는 것과 회사 차원의 AI 도입 영역에서 차이가 발생할 수 밖에 없다. 그나마 이런 관계에서 비교적 자유롭고 티빙(TVING)이라는 OTT 플랫폼을 보유한 CJ ENM만 전사 차원의 도입을 테스트할 뿐이다.

달리 이야기하면 CJ ENM을 제외하곤 지상파 방송사는 극히 제한적인 활용처에 집중하고 있거나, 전체 시스템에 AI를 통합하는 일종의 시스템 통합(SI, system integration) 수준에 가까운 작업을 진행하고 있다. 그동안 축적된 영상 자료 및 내부 행정 자료를 데이터화하고 현재 만들어지고 있는 오늘의 자료도 즉각적으로 데이터화해서 방송이라는 특수한 작업에 가능한 서비스로 최적화(tuning)해야 하기 때문이다. 외부에서 만들어진 기성 제품형 AI 서비스를 무작정 적용하기 쉽지 않은 이

유이기도 하다. 더구나 설사 SI화하더라도 아직은 완벽한 단계의 수준을 논하기 어렵다. 유튜브 등은 80% 수준만으로 채택이 가능하지만, 방송사는 100%가 아니면 채택하기 어렵고, 100%가 아니기 때문에 역설적으로 촌각을 다투는 현장에서는 효용성이 높지 않다고 판단할 개연성이 높다. 이 때문에 시스템 내 AI를 당장 도입하더라도 콘텐츠 제작 및 운용 경쟁력이 높아졌다고 판단하기 어렵다. 과거 디지털 전환 등과는 확연히 다른 상황이다. 더구나 저작권 문제 등 회색지대(Grey Zone)에 있는 것들이 너무 많아서 선불리 생산 단계에 적용하기도 부담스럽다. 따라서 대부분의 AI 작업들은 기초 체력에 해당하는 인프라 등의 성격이 강할 수밖에 없다.

이를 감안하면 CJ ENM이 가장 본원적 경쟁력에 기여할 수 있는 AI 개발을 하고 있고, KBS와 MBC는 부가 사업의 영역에 AI를 적용하고 있으며, SBS가 전체 작업 환경을 AI 기반으로 바꾸기 위한 시스템 작업에 집중하고 있는 것으로 보인다. 물론 CJ ENM의 작업조차도 큰 틀에서 보면 아직 높은 수준의 비용 절감을 이끌어 내지는 못하고 있지만, 향후의 적용 수준에 대한 기대는 충분히 할 만하다. SBS의 경우에는 잠재적 가능성은 있지만, 실체적 성과는 생각보다 높지 않기 때문에 오늘보다는 내

일이 더 기대되는 사업자다.

자, 그럼 논의의 방향을 틀어 보자. 얼마 전 오픈AI(OpenAI)의 CEO인 샘 알트만(Sam Altman)은 2025년이면 박사 과정 학생 수준의 AI가 등장할 수 있을 것이라고 주장했다. 앤트로픽(Anthropic)의 CEO인 다리오 아모데이(Dario Amodei) 역시 스케일링 법칙이 여전히 유효해서 2~3년 뒤에는 노벨상 수상자를 뛰어넘는 AI가 등장할 수 있다고 주장한다. 투자를 받기 위한 발언일 순 있으나, 우리가 현재 이용할 수 있는 기성 도구의 수준이 개선될 것이라는 점은 분명하다. 그렇다면 회사 차원에서의 인프라식 접근이나 거대 담론은 제외하고, 앞서 정리한 제작 단계별로 하는 일들을 조금은 개선할 수 있는 방법, 당장 외부의 기성 제품을 활용해서 조금 더 괜찮은 프로그램을 만들 수 있는 방법이 있을지에 대해서만 고민해 보자.

관심 영역의 뉴스 클리핑 정도는 간단한 코딩만으로도 충분히 가능하고 효과를 볼 수 있는 세상이 되었는데도 지나치게 거대 담론에 취해서 정작 할 일을 위한 수단을 찾지 못하는 것은 아닌지 하는 우려 때문이기도 하다. 만약 이것이 현실화된다면 거꾸로 이를 최적화하고 개선하기 위해서 시스템에 통합하는 방법으로 이어질 수 있기 때문이다. 인프라적 성격의 작업이 아니라 당장 생산성을 높일 수 있는 것들을 찾아보고, 실제 적용해 보고, 효과성을 찾아보자는 말이다.

따라서 앞으로 이어질 내용에서는 정리한 방송 제작 업무 순서별로 현재 어떤 툴이 도입되어서 사용되고 있는지를 살펴보려고 한다. 자, 그럼 시작해 볼까.

01
AI의 도움을 받아 기획하다

아이디어를 발굴하고, 기존 유사 프로그램의 장단점을 리뷰하고, 동일 주제에 과거와는 다른 새로운 포맷 및 콘셉트를 정하는 데까지 챗GPT류의 도움을 받을 순 있다. 특히 그동안 작성해 둔 기획서의 포맷을 학습시켜 신규 기획서를 작성하는 데 도움을 받을 수 있다는 점은 장점이다. 다만 독립적인 주체가 아니라 전문가의 보조적 수단이기 때문에 신입에게는 적합하지 않다.

AI와 1인 창업?

프로그램을 만드는 첫 단계는 기획이다. 무엇을 만들 것인지, 누구를 대상으로 만들 것인지, 그리고 쓸 수 있는 가용 예산은 얼마고 제작 기간은 어느 정도인지를 처음 결정하는 단계다. 기업 내부라면 초기 기획서를 가지고 작품의 추진 여부를 결정하기도 하고, 외부 투자를 받기 위해서라면 피칭을 위한 첫 단계이기도 하다. 물론 기획이 완료되었다고 하더라도 실제 촬영 과정에서 끊임없는 회의와 반복적인 수정을 피할 수는 없지만, 그럼에도 프로그램의 첫 기획 작업이 프로그램의 성공 여부를 결정짓는 핵심 단계라는 것에는 변함이 없다. 흥미로운 것은 동시대의 사람들이 관심을 가지고 좋아하는 것이 의외로 비슷하다는 점이다. 이 때문에 서로의 기획안을 참고하지 않았는데도 특정 시기에 유사 콘텐츠가 넘쳐 난다. 타임슬립(Time Slip) 콘텐츠가 넘쳐 나고, 형사물이 반복되는 것도 이 때문이다. 이 상황에서 차별성을 드러내 시청자에게 익숙한 듯 새로움을 제공하는 첫 단계가 바로 기획이다.

기획 역시 단일 단계는 아니다. 그 속에는 다양한 구성 요소가 얽혀 있다. 세부 단계별로 어떤 AI 서비스를 활용할 수 있는지를 살펴보자.

먼저 아이디어 발굴 단계다. 시청자들의 관심사와 트

렌드를 고려해서 가장 적합한 주제를 선정하는 과정이다. 예를 들어 올해 이상 기온이 심하다는 것에 착안해서 환경 보호나 기후 위기를 다루는 다큐멘터리 제작 아이디어를 발굴하거나 K-푸드가 전 세계에서 인기를 끌고 있으니 K-셰프를 다뤄보는 것이 좋겠다 등의 아이디어가 여기에 해당된다.

일반적으로 챗GPT가 가장 많이 이용되는 툴이지만, 스토리 생성과 플롯에 특화된 딥스토리(Deepstory) AI를 사용하기도 한다. 현재의 관심사를 파악하기 위해서 구글 트렌즈(Google Trends)나 버즈수모(BuzzSumo) 등을 이용할 수도 있다. 가장 흔한 프롬프트는 '환경 보호에 관한 독특한 다큐멘터리 아이디어를 제시해 줘' 등이겠지만, 이마저도 애매하다면 뉴럴 라이터(Neural Writer)와 같은 프롬프트 생성기(Generator)를 활용해 볼 수도 있을 것이다. 에피소드의 숫자, 프로그램의 분량 등을 명시해 주면 이에 맞추어 조금 더 정교한 기획 아이디어를 내 놓기도 한다. 이처럼 이용자의 능력치에 따라서 조금은 더 새롭고 깊이 있는 아이디어를 얻어 낼 가능성이 있다. 사람들이 집단으로 모여서 하는 아이디어 회의와 비견될 수는 없겠지만, 반 발짝 정도 더 나아갈 수 있다. 최근에는 기존 기획안을 업로딩해서 학습시

킨 뒤 이와 유사한 방식으로 아이디어를 달라고 할 수도 있다. 이 부분은 향후 회사 시스템에 내재화하는 것도 고려해 볼 만하다.

아이디어와 던지고 싶은 메시지, 즉 주제를 설정했다면 이제는 프로그램의 주 시청자를 설정해야 한다. 방송의 특성상 보편적 고객을 타깃군으로 하긴 하지만, 파편화된 시청 환경을 고려하면 최소한 우리가 놓치고 싶지 않은 시청자군을 명시하는 것이 반드시 필요하다. 반대로 우리가 만들려고 하는 콘텐츠가 어느 정도의 예상 시청자군을 가지고 있는지를 판단해 볼 수도 있다. 이 대목에서 AI에게 현재 기획 아이디어를 제시하고, 예상 시청자군을 판단해 봐 달라는 등의 요구를 할 수 있다. 앞서 설명한 대로 방송사의 과거 프로그램과 시청률 등의 자료가 내재화되어 있을 경우 훨씬 손쉬워지겠지만, 해당 제작 유닛에서 작업했던 최근 결과물 정도만을 입력해도 예상값을 얻을 수 있다. 다만 다른 공산품과는 달리 콘텐츠 예측은 AI라고 하더라도 확률값을 신뢰할 수는 없다. 1970년대부터 시작된 콘텐츠 흥행 예측이 번번이 실패하는 이유이기도 하다. 넷플릭스를 포함해서 배급을 책임지는 업계에서 콘텐츠 수급 단계에 배우의 흥행지수 등을 참조해서 콘텐츠 구매 단가를 결정하는 것조

차도 일종의 리스크 매니지먼트 영역일 뿐이다. 기획 그 자체만으로 예측을 논하기는 어렵게 때문에 기획 집단이 생각하는 대상군에 대해서 다시 한 번 확인하는 작업 정도의 의미를 가질 뿐이다.

두 번째는 일종의 리뷰다. 새롭게 시작하는 프로그램이라고 한다면 이전에 방송되었던 프로그램들을 분석하는 것이고, 정규 편성된 프로그램이라고 한다면 직전 방송분을 분석해서 조금 더 참신한 방법을 찾는 과정이다. 챗GPT류에 유사 프로그램의 특징과 성과를 분석하고 차별화할 방안을 요청할 수도 있다. 이와는 별개로 시청자의 반응을 살펴보기 위해서는 닐슨 애널리틱스(Nielsen Analytics)를 가장 많이 활용하지만, 북미 시장에서는 IBM 왓슨 애널리틱스(IBM Waston Analytics)나 크림슨 헥사곤 앤드 브랜드워치(Crimson Hexagon & Brandwatch)를 통해 소셜 미디어상의 여론과 반응을 분석하기도 한다. 예를 들어 특정 시간대에는 어떤 프로그램이 유행하고 인기 있는지를 분석하고, 그 시청 시간대의 핵심 시청자군이 누구인지를 파악할 수 있다. 챗GPT API를 활용해서 프로그램에 달린 댓글 등을 분석할 수도 있다. 혹은 경쟁 프로그램을 분석하는 작업 시 AI를 활용할 수도 있다. 가령 이전까지 나왔던 요리 프로그램에 대한 시청자의 반응 등을 분석하는 작업을 할 수 있다. 브랜드워치 등은 이럴 때 활용하기에 적합하다.

다음은 프로그램 콘셉트 설정 단계다. K-푸드와 연동된 K-셰프 프로그램을 만들겠다고 정했고, 기존 프로그램들의 강점과 약점을 분석했고, 주 타깃 소비자 층을 정했으니, 이에 맞는 콘셉트를 개발하는 것이 순서다. 동일한 요리 경연이라고 하더라도 스타일과 전달 방식에 따라서 변주가 가능한 법이다. 〈흑백요리사〉에선 계급이 프로그램의 콘셉트가 되었고, 〈눈물의 여왕〉에선 재벌집 딸과 수재의 연애란 골격에 살이 붙었다. 경연이라고 한다면 심사위원을 집단으로 할지 등에 대한 큰 골격도 이 과정에서 다룬다.

이 단계에서 챗GPT 등 AI 도구는 생각의 지평을 넓힐 수 있는 흥미로운 도구다. 기본 취지 등을 정리해서 알려주면 거기에 맞추어 몇 개의 콘셉트를 제시해 준다. 시장에서 보지 못한 새로운 아이디어를 찾아봐 달라고 주문하면 때론 엉뚱할 정도의 새로운 이야기를 던져 주기도 한다. 그러나 도구는 도구다. 그 자체로 진행하는 것이 아니라 결국은 해당 제작 팀이 몇 가지 아이디어를 놓고 반복적인 토론을 통해서 정리를 해야 한다. 이 때문에 이 과정에서는 아이디어 정리와 협업에 도움을 주는 노션

(notion.ai)이나 협업 화이트보드 플랫폼인 미로(miro ai) 등도 활용해 볼 만한 AI 툴들이다.

대강의 그림이 그려졌다면 기업 내부의 의사 결정을 받기 위해 기획서를 작성해야 한다. 기획서에는 프로그램의 목적, 주요 내용, 예상 시청률 등이 담겨야 한다. 문서 작성을 도와주는 챗GPT, 문법과 스타일을 정리해 주는 그래머리(Grammarly), PPT 파일로 만들 때 쓸 수 있는 감마(Gamma) 등이 유용한 툴이 될 수 있다. 앞서의 과정이 제대로 정리가 되어 있다면 기획서 작업은 AI를 활용해 가장 많은 도움을 받을 수 있는 영역이다. 내부의 이전 기획서를 잘 갈무리해서 참조하라고 하면 더욱더 입맛에 맞는 기획서를 작성해 주기도 한다.

이제 거의 마무리다. 프로그램 제작에 필요한 예산과 자금 조달 계획을 마련해야 한다. 어느 정도의 인력이 필요한지와 장비 규모, 장소 등을 머릿속에 그려야 한다. 예상되는 촬영 인력과 장비 임대료, 편집 비용 등을 고려해서 총 예산을 수립하는 것도 필요하다. 그리고 거기에 맞추어 일정을 세팅하고 프로젝트 관리에 들어가야 한다. 이 대목에서 워크데이 어댑티브 플래닝(Workday Adaptive Planning)같이 예산 및 재무에 특화된 도구나 애너플랜(Anaplan)처럼 변동하는 예산을 시나리오별로 관리할 수 있는 도구를 활용하는 것이 가능하다. 프로젝트 관리는 마이크로소프트 프로젝트(Microsoft Project with AI)를 활용하거나, 아사나(Asana with AI feature)와 같은 도구를 사용할 수도 있다.

산업 전망

아직까지 기획 전체를 지원하는 AI 툴은 눈에 보이지 않는다. 기획의 개별 단계별로 최적화된 도구들이 있을 뿐이다. 손에 익은 AI 툴은 개인들의 수고를 확연히 줄여주기는 한다. 그러나 어느 정도의 숙련성과 지식을 가지고 있는 이들에게는 도움이 되는 반면 이제 막 시장에 들어온 주니어에게는 큰 도움이 되지 않기도 한다. 예를 들어 〈흑백요리사〉의 장단점을 분석해 달라고 하면 개성 있는 연출과 고급스러운 이미지를 장점으로, 시각적 정보 부족과 제한적 요리 표현을 단점으로 제시한다. 사전에 〈흑백요리사〉를 본 연출진이라면 이 정보값이 가지는 의미를 판단할 수 있겠지만, 접해 보지 않은 사람에게 이 분석은 개선점을 찾을 수 있는 정보가 되지 못한다. 이 때문에 이 단계의 활용은 철저히 숙련된 기획자의 생각 정리와 보조 수단이라는 점을 분명히 해야 한다.

회사 차원에서 기획 단계에 전문적인 AI를 활용하고

있는 기업은 거의 없었다. 챗GPT를 업무용으로 도입하더라도 그 데이터가 내재화될 수 있는 구조를 만들지는 못했다. 회사 내 서로 다른 조직에서 고민하고 논의하다 폐기된 기획안은 언젠가 다른 이의 손에서 새롭게 의미를 부여받아 성공적인 프로그램 기획안으로 탈바꿈할 수도 있다. 그러나 현재처럼 내재화되지 않은 상황에서는 이 모든 경험치가 개인에게 귀속될 뿐이다. 장기적으로는 각 제작 유닛별로 서로 다른 AI 도구를 사용하더라도 이를 자산화하기 위한 조치는 필요하다.

02
스토리텔링의 밑 작업을 AI와 협업하다

스토리의 기본 구성을 짠 뒤, 캐릭터의 성격 등을 검토하고, 스토리에 맞는 최적의 캐릭터를 선택할 수도 있다. 세부 플롯을 구성하고, 캐릭터가 놀 장소와 분위기를 검토하고 머릿속에 있는 장면을 구체화하고 시각화해 실 촬영 전에 전체적인 구도와 진행을 확인해 볼 수도 있을 것이다. 다만 시스템화된 단일 AI 툴이 없다는 점은 한계다.

AI와 MBTI?

주제와 영역이 정해졌다고 해서 스토리가 완성되는 것은 아니다. 세상에는 유사한 주제와 영역을 가지고도 누구는 흥행하고 누구는 실패하는 상황이 반복적으로 진행된다. 동일한 이야기도 얼마나 짜임새 있고 새롭고 창의적으로 스토리라인을 잡느냐가 관건이다. 이를 위해서 오늘도 제작 현장에서는 수십 명의 작가와 보조 작가, 연출자들이 모여서 머리를 싸매고 있다. 최근 넷플릭스에서 엄청난 흥행을 거둔 〈흑백요리사〉도 요리 프로그램이란 콘셉트를 정한 이후에 계급 대결이란 내용과 형식에 도달하기까지 몇 달에 걸쳐서 회의를 진행했다고 한다. 이처럼 스토리텔링은 전체 제작 공정 중에서도 가장 중요한 대목 중 하나다. 어쩌면 콘텐츠의 성공 여부는 바로 이 스토리텔링에서 대부분 결정나는 것인지도 모른다.

여전히 학습되고 창의력 있는 사람이 핵심 요소이긴 하겠지만, AI가 스토리텔링 영역에도 스멀스멀 끼어들고 있다. 소위 스토리텔링도 몇 가지 영역으로 나누어진다. 이 단계에서 필요한 AI 기술은 의외로 단조롭다. 스토리보드를 작성하는 데 필요한 몇가지 AI 툴을 제외하고는 대부분 챗GPT나 클로드(Claude.ai)와 같은 서비스에 의존하고 있다.

물론 각 단계별로 전문화된 AI 서비스도 있다. 일단 단계별로 나누어서 구체적으로 설명해 보자.

아이디어 발굴 및 브레인스토밍 단계는 스토리의 기본 구성을 만드는 작업이다. 기획 단계에서 나온 아이디어나 콘셉트에 바탕을 두고 기본적인 구조를 세우는 작업이라고 할 수 있다. 예를 들어 '판타지 세계에서 용과 싸우는 모험 이야기'란 아이디어를 입력한 뒤, 이에 맞추어 기승전결에 해당하는 스토리의 뼈대를 작성해 달라고 요청하면 AI가 각 주요 사건을 생성해 준다. 이 이야기를 뼈대로 해서 다시 해당 내용을 구분짓고, 구분한 내용을 좀 더 상세하게 정리해 달라고 요청하는 과정을 반복하면 조금씩 구체화된다. 이를 위해선 챗GPT나 수도라이트(Sudowrite)를 사용하면 된다. 특히 수도라이트는 창작자들이 소설이나 시나리오의 플롯을 짜고 문장을 다듬는 데 특화된 AI라서 창의적인 글쓰기에 도움을 받을 수 있다.

두 번째는 캐릭터 단계다. 큰 줄거리가 만들어졌어도 줄거리에 생명력을 불어넣는 것은 캐릭터다. 1인극이 아닌 이상 다양한 캐릭터를 구성하고 각 역할에 맞게 생명력을 불어넣어 줘야 완성도 높은 스토리가 만들어질 수 있다. AI에게 캐릭터의 성격을 묘사하도록 요청하거나,

AI가 제공하는 대사 스타일 중에서 최적을 선택할 수도 있다. 앞서 예로 든 아이디어를 이어서 용과 맞서는 소년 캐릭터를 구성한다면, AI에게 모험심이 강하지만 내성적인 성격의 17세 소년 캐릭터를 설정해 달라고 하고, 이에 걸맞는 성격과 말투를 제안해 달라고 할 수 있다. 더불어 이 캐릭터에 맞추어서 전체 스토리를 재수정해 달라고 할 수도 있다.

이 단계에서 가장 많이 활용할 수 있는 AI는 캐릭터닷AI(character.ai)와 레플리카(replika.ai)다. 특히 캐릭터닷AI는 챗GPT 외에 가장 많이 사용되는 AI 도구로 알려져 있을 정도다. 해리 포터 등 기존 캐릭터를 가져오는 방법도 있지만, 새로운 캐릭터를 설정할 수 있다. 성격, 배경, 관심사, 말투, 지식 수준, 친구 관계 등 설계하고 싶은 캐릭터를 설정하면 일종의 가상 캐릭터가 생성된다. 이 가상 캐릭터와 대화를 주고받으면서 튜닝을 하면 특정 상황에서 어떤 대사를 하게 될 지를 테스트해 볼 수 있다. 레플리카는 설정한 성격에 맞추어 대화 톤이 달라지는 서비스라서, 캐릭터의 성격 테스트나 대사 스타일을 연습할 때 활용할 수 있다.

전체 스토리 뼈대와 캐릭터가 정해졌다면 이제는 세부 플롯을 정리해야 한다. 스토리의 각 장면을 구체적으로 전개하는 단계다. AI에게 특정 상황을 상세하게 설명해 달라고 요청할 수도 있고, 혹은 복수의 사건 전개 옵션을 요청한 후 여러 옵션 중에서 선정할 수도 있다. 앞의 예를 이 단계에 적용하면 "주인공이 길을 잃고 마법의 숲에서 무언가를 발견하는 장면을 설명해 줘"라고 요청하면 AI가 그 장면의 배경, 대사를 제공하는데, 이에 덧붙여서 긴장감을 추가할 수 있는 요소 등을 넣어 달라고 요청해서 플롯의 깊이를 더할 수 있다.

이때 각 장면마다 대사를 만들어 달라고 요청하면 된다. "주인공이 용을 발견했을 때의 충격과 두려움을 나타내는 대사를 만들어 줘"라는 요청을 하면 AI가 스스로 자연스럽고 생동감 있는 대사를 작성해 준다.

이 단계에서 캐릭터닷AI 말고도 플로터(Plottr)와 같은 AI 서비스는 한번쯤 써 볼 만한 보조 수단이다. 출판을 전제로 한 것이기 때문에 방송용 시나리오에 최적화된 것은 아니지만 스토리 플롯을 시각적으로 구성할 수 있도록 도와주기 때문에 전체 맥락에서 해당 스토리의 위치와 의미를 이해할 수 있다. 단막극 정도라면 머릿속에 담는 것이 훨씬 수월하겠지만, 12부작 이상의 작품을 구상할 경우, 그리고 더 나아가 확장 가능성을 염두에 두고 있다면 플로터 같은 서비스는 쓸모있는 도구가 될 수 있다. 스토리보드 댓(Storyboard That)도 시각적 요소가 포함된 스토리보드를 만들 수 있는 도구로, AI는 아니지만 텍스트 초안과 스토리 구성을 위해 사용할 수 있다.

플롯을 진행하는 데 중요한 대목은 역시 사건이 발생하는 장소와 그 분위기다. 용을 찾아 떠나는 여정에서 하룻밤 청해야 하는 곳의 밤은 어떠한지, 주위의 소음은 어떠한지, 냄새는 어떠한지 등에 대해서 AI에게 요청하면 AI는 상상하는 범위 내에서 자유롭게 의견을 줄 수 있다. 이와 관련해서 재스퍼(Jasper.ai)와 퀼봇(Quillbot)은 배경 묘사와 텍스트 내용을 자연스럽게 보완하는데 탁월한 능력을 보유하고 있다.

잘 만들었다고 생각되는 1차 스토리안조차도 실제 현장에서 뒤집히는 경우가 허다하다. 이런 경우가 발생하면 짧은 시간 동안 동일한 주제로 새로운 플롯, 즉 대안적 플롯을 구성해야 한다. 이 단계에서도 AI에게 앞서 구성한 스토리안에 새로운 내용이나 요구 조건을 명시해 새로운 플롯을 구성해 달라고 요청할 수도 있다. 심지어 이미 만들어 놓은 플롯에다 새로운 내용을 첨가해서 전체를 재구성해 달라고 할 수도 있다. 예를 들어 특정 장면 이후가 너무 밋밋하니 반전을 넣어 달라는 요청 등이 이에 해당한다. 앞서도 언급했지만, 관련 작업을 같이하는 동료가 있다면 그들과 테이블에서 이런저런 이야기를 나누면서 해결할 수 있는 사안이다. 그러나 최소한의 인원이 참가하고 있다면 새롭게 등장한 아이디어의 폭과 깊이가 제한적일 수밖에 없다. 이런 상황에서 AI는 이야기를 주고받으면서 스토리를 완성할 수 있도록 도와주는 조력자 역할을 하기에 충분하다. 이때는 라이트소닉(writesonic) 같은 서비스나 라이터(Rytr) 같은 서비스가 도움이 될 수 있다.

자, 스토리가 모두 완성되었다. 우리가 만든 스토리는 촬영을 위한 것이다. 스토리보드를 시각화하기 전, 장면 설명과 대사 등을 포함한 스토리보드의 텍스트 초안을 AI가 작성하도록 할 수 있다. 이를 통해 동료들과 빠르게 검토하고 수정할 수 있는 기초 자료를 만들 수 있다. 이때도 "주인공이 절벽에서 떨어지는 순간과 구출되는 장면의 스토리보드 텍스트를 작성해 줘"라고 프롬프팅을 하면 AI가 장면의 주요 요소를 미리 준비해 준다. 이를 위해선 기본적으로 챗GPT를 이용하거나, 코드 기반의 오픈AI 코덱스(Codex)나 카피스미스(Copysmith) 같은 서비스를 활용할 수 있다. 비록 스토리보드 자체는 비주얼 영역이지만, 각 장면의 설명이나 어떤 내용이 들어갈지에 대한 서술적인 요소를 AI로부터 받으면 더 효율적으로 스토리보드를 완성할 수 있다.

이처럼 AI를 활용해서 스토리텔링을 발전시킬 수 있으며, 각 단계에서 AI의 도움을 받아 창작 과정을 더 풍부하고 빠르게 진행할 수 있다.

산업 전망

현재 AI 스토리텔링 기술은 게임, 영화, TV 쇼, 소설, 만화 등 다양한 형태의 미디어에 적용되고 있다. 특히 인터랙티브 스토리텔링이나 몰입형 콘텐츠의 수요가 증가하면서 AI를 활용한 스토리텔링은 더 많은 기회를 제공할 수 있다. 게임 산업에서는 AI로 생성된 대사와 스토리라인을 통해 플레이어에게 유연한 이야기 경험을 제공하는 사례가 늘어나고 있는 것도 사실이다. 이는 AI가 초안 작성, 플롯 구성, 대사 작성 등의 단계에서 시간과 비용을 절감해 주기 때문이다. 창작자들이 반복적인 작업을 줄이고 더 창의적인 작업에 집중할 수 있도록 도와주기 때문에, 소규모 스튜디오나 인디 창작자들에게는 큰 도움이 될 수 있다. 더구나 사용자 데이터와 피드백에 기초해서 맞춤형 스토리를 생성할 수 있어서 일부 사업 영역에서는 개인화된 콘텐츠 제작에 적극적으로 활용될 것으로 보인다. 특히 교육 콘텐츠나 마케팅 캠페인 등을 주목해 볼 수 있을 것이다.

다만 이런 보조 수단이 창의력 있는 사람의 아이디어, 그리고 동료들과의 협업 아이디어 대비 어느 정도 수준이냐가 관건이다. 대형 레거시 사업자의 측면에서 보면 이 단계는 여전히 사람 중심이어야 한다. 아직 AI는 수백억 혹은 수십억짜리 프로그램의 스토리텔링을 기획할 수준이 아니다. 설사 AI가 이전에는 보지 못한 참신한 아이디어를 내놓았다고 하더라도, 이를 부여잡고 일관된 방식으로 작품화하는 건 오롯이 사람의 몫이다.

03
AI 덕분에 서류 작업에서 해방되다

다른 모든 일들과 마찬가지로 콘텐츠 제작에도 서류 작업은 필수다. 이미 활성화된 회의록 정리 AI에 더해 제작 상황까지 고려해 숨겨진 장소를 제안해 주는 AI 로케이션 스카우팅, 캐릭터에 부합하는 최적의 배우를 발굴하는 AI 캐스팅 등의 인공지능 기술들은 서류 더미에 매몰된 창작자를 구원해 준다. 더불어 K콘텐츠의 다양성 및 글로벌 타깃 소구력 제고에 기여할 것이다.

AI와 난임 극복?

영화감독이 되겠다고 제작 현장에 발을 들이는 순간 그에게 주어진 일은 산을 뒤엎을 정도의 행정 서류들이다. 영화감독을 꿈꾸었던 그는 고전, 블록버스터는 물론 B급 영화까지 닥치는 대로 섭렵하고, 관련 전공을 택해 공부를 하기도 했을 것이다. 감독의 꿈을 이루기 위해 연출부 생활을 하다가 조감독이 되었을 것이다. 하지만 이 과정을 밟아 올라가서 마주친 건 전혀 다른 지옥이었다. 조감독에게 주어진 현실은 서류 작업의 무한궤도이기 때문이다. 물론 조연출의 역할이 예술가가 아닌 행정가이며 현장 통제자라는 것을 모를 리 없고, 현장을 통제하기 위해서는 수많은 문서가 필수적이라는 것도 잘 안다. 그러나 모든 것을 감안하더라도 작성하고 준비해야 할 서류가 너무 많다. 어느 하나에 구멍이 나는 순간 촬영은 엉망이 될 수 있다.

소소한 것들은 제외하고 '필수적'인 작업만 정리해도 산더미다. 촬영 스케줄을 잘 관리하기 위해서는 시나리오를 분석해 신(Scene)의 내용을 순서대로 나열하는 신 연결표, 장소별 · 인물별 신 구분표를 작성한 후 주조연의 감정 흐름표, 조연 및 단역 배우 리스트, 소도구표와 의상 연결표를 만들고 시나리오 회의 때마다 회의록을 작성해야 한다. 시나리오에 맞는 장소 후보지를 리스트

업한 후에 동선과 일정을 고려한 로케이션 스카우팅 계획서를 만들고 난 다음에는 진행 상황을 관리하는 로케이션 보드도 만들어야 한다. 시간은 곧 돈이므로 돌발 상황을 콘트롤하면서 경제적이고 합리적으로 일정을 관리하기 위해 제작 일정표를 만드는데, 일간, 주간, 월간을 나누어 수립하며 촬영 계획표와 제작 진행 보드도 함께 작성한다. 캐스팅도 중요하니 주조연 캐스팅 리스트와 캐스팅 제안서를 만들고, 캐릭터 설명과 함께 연령, 성별, 필요 인원수 등을 꼼꼼히 기입한 단역 및 보조 출연자 리스트도 만든다. 이후 캐스팅이 시작되면 캐스팅보드를 만드는 것은 기본이다. 촬영에 들어가면 주조연 배우 및 단역, 보조 출연자 콜시트를 만들고 촬영 현장 진행 보드를 정리하고, 매회 촬영 일지와 스크립트 페이퍼도 작성한다. 예산 관련 서류는 프로듀서가 관리하니 그나마 다행이지만, 감독을 도와 창작에 기여하기에는 시간과 에너지가 턱없이 부족하다. 당연히 이 부분을 누군가 도와주고 일을 나누었으면 싶다. 하지만 항상 제작비는 부족한데, 이를 위해 또 다른 사람을 고용하는 것도 어렵다. 그런데 이제 구원의 손길이 등장했다. 서류 작업의 구렁에서 건져 줄 AI가 등장한 것이다.

콘텐츠 서류 작업에 활용되는 AI

서류에 매몰된 창작자를 구원하는 신기술 중 하나는 AI 로케이션 스카우팅(Location Scouting) 솔루션이다. 창작자가 콘텐츠에 적합한 장소와 분위기를 텍스트나 이미지로 설명하면 AI는 지리적 특징, 풍경, 건축 스타일, 방문자 리뷰 등을 고려해 전 세계의 데이터베이스에서 적절한 로케이션을 골라 추천한다. 레프시(refsee) 등의 AI 기반 서비스는 인터넷의 이미지와 항공사진뿐 아니라 많은 영화, 드라마 속 장면들에서 분위기, 스타일 등에 적합한 장소들을 선별해 스카우팅 리스트에 포함한다. 또한 각 로케이션의 이동 동선 및 사용 비용, 접근성, 허가 절차 등 필요 요소를 분석해 비용과 일정에 맞는 최적의 선택을 할 수 있도록 지원하기도 한다. 최근에는 시나리오를 스스로 분석해 로케이션을 제안하거나, 다양한 시간대와 날씨에 대한 시뮬레이션을 제공하며, VR 등을 활용해 현장에 방문하지 않고도 가상으로 공간을 체험해 볼 수 있는 기능도 개발되고 있다. 로케이션스허브(LocationsHub) 등을 활용하면 적합한 장소를 이미지뿐만 아니라 3차원 공간으로 체험하고 확인할 수 있어 콘텐츠에 최적화된 장소를 찾아내고 방문하는 데 발생하는 시간과 비용을 대폭 절감할 수도 있다. 물론 시나리오에 맞는 후보지를 선정하고 정리하는 스카우팅 관련 서류 및 행정 업무를 대폭 줄일 수 있는 것은 두말할 필요가 없다. AI는 인터넷이나 관공서, 혹은 지인에게 문의해 후보지를 정리하는 수고를 대신할뿐더러 배우의 동선과 카메라의 워킹 및 촬영 일정을 계산해 스카우팅 계획서와 보고서를 작성해 주기 때문이다.

창작자의 서류 관련 스트레스를 덜어 주는 또 다른 AI 기술은 캐스팅 솔루션(Casting Solution)이다. 연기자는 시나리오 속 캐릭터를 살아 있는 인물로 바꾸어 스토리의 전달 및 상업적 성과에 큰 영향을 미치므로 캐스팅은 가장 신중하게 결정되는 핵심적 과정 중 하나다. 따라서 주연 배우의 경우 콘텐츠의 완성도와 성공에 기여할 수 있는 연기자를 창작자의 직관, 관계 등을 통해 선택하며, 때로는 연기자를 염두에 두고 시나리오를 집필하기도 한다. 하지만 영화나 드라마 제작에는 수백, 수천 명의 배우가 필요하며 모든 배우를 주연 배우와 동일한 프로세스로 캐스팅할 수는 없다. 그럼에도 배우의 외모, 목소리, 이미지 등이 캐릭터와 부합해야 하며, 콘텐츠의 장르나 배우들 간의 케미스트리도 중요하기 때문에 조연, 단역 배우라 해도 허투루 선발할 수는 없다. 캐스팅 프런티어(Casting Frontier) 같은 AI를 활용하면 배우들의 필모그래피, 연기 스타일, 대중과 전문가의 평가, 신체적 특징 등을 반영해 적합한 후보자를 데이터 기반으로 추려 낼 수 있으며 비대면 오디션 등을 통해 시간을 절약할 수도 있다. AI는 캐스팅의 풀이 넓고 편견이나 편향이 없으므로 역할에 맞는 다양한 배우들을 제안할 수 있어 콘텐츠의 차별성과 다양성을 높이는 데 기여할 수 있다. 또한 시네리틱(Cinelytic) 등에서는 캐스팅과 흥행 성적의 상관관계를 분석해 캐스팅으로 인한 상업적 성과를 가늠해 보려는 시도도 진행하고 있다. 하지만 창작자에게는 무엇보다 캐릭터 설명을 빼곡히 기입한 주조연 캐스팅 리스트, 단역 및 보조 출연자 리스트, 캐스팅 파일 등의 수많은 서류 더미를 AI를 활용해 대폭 줄일 수 있다는 것이 큰 장점이다. 다만 이들 서비스는 대부분 북미 서비스다. 국내에도 AI 기반의 캐스팅을 표방하는 플랫폼이 있지만 아직은 초기 수준이다.

또한 많은 시간이 소요되는 서류 작업 중 하나가 회의록 정리다. 콘텐츠 제작은 협업의 산물이니만큼 수많은 회의를 통해 아이디어를 도출하고 발전시켜 나가므로 회의가 많고 다루는 내용의 폭이 넓어 이를 정리하는 것은 만만한 일이 아니다. 그러나 AI 자동 회의록 서비스는 회의 내용을 녹화, 녹음한 후 텍스트를 자동 추출하고 참석자 및 내용을 자동 정리해 준다. 또한 주요 키워드의 언급 빈도, 참석자별 발언량 등을 정리해 주므로 회의 분위기를 입체적으로 파악할 수 있도록 도와준다. 국내에서는 클로바노트가 가장 대중적으로 사용되고 있고, 일부 통신사업자들의 서비스도 이용할 수 있다. 아직까지 정확성 면에는 아쉬움이 남지만 전체 회의 맥락을 파악하는 데는 충분히 효과적이다. 이 외에도 스크립트를 분석해 촬영 순서와 분량을 자동 작성하거나, 스태프와 배우의 일정을 계산해 촬영 계획을 자동으로 조정하고 필요 인력, 장비, 소품 등을 정리하는 스케줄링 AI 툴들도 창작자들이 창작에 전념할 수 있도록 돕는 효율적 도구들이다.

산업 전망

AI를 활용한 회의록, 스케줄링 솔루션 등은 이미 제작 현장에서 활용되며 제작 효율성을 높이는 데 기여하고 있다. 하지만 로케이션 스카우팅이나 배우 캐스팅 등의 솔루션들은 아직 활발하게 활용되지 못하고 있다. 이는 국내 콘텐츠가 장소 및 배우를 매우 좁은 풀(pool)에서 선발하는 까닭이다. 숨겨져 있는 보석 같은 장소나 배우를 발굴해 영상에 담아내는 것이 콘텐츠의 매력도를 높이는 방법임을 잘 알지만 국내 소비자 중심의 콘텐츠 제작 환경과 초기 단계에 머물고 있는 기술이 AI 솔루션의 활용을 제한하는 것이다. 그러나 K콘텐츠의 소비층이 글로벌로 확장된 지금은 장소와 배우 또한 국내에 한정되어서는 안 될 것이다. 글로벌 소비자에게 어필하면서도 스토리와 캐릭터를 잘 전달할 수 있는 장소와 배우를 찾아내기 위해서는 새로운 방법이 필요하다. AI와 결합된 로케이션 및 캐스팅 솔루션들은 더 많은 정보와 데이터베이스를 바탕으로 편견 없는 데이터 중심의 결정을 통해 창작자가 일상적, 반복적 작업을 최소화하고 최적의 장소와 배우를 찾을 수 있도록 지원할 것이다. 콘텐츠 산업은 지금까지 기술의 발전을 수용하며 콘텐츠의 품질과 제작의 효율성을 높여 왔다. 창작자들이 귀중한 시간을 서류 더미와 행정 업무에 파묻혀 보내는 게 아니라 콘텐츠의 창의성을 높이는 데 사용하기 위해서는 제작 전 분야에서 AI 기술의 도움을 받아야 하며 서류와 행정 또한 예외는 아닐 것이다. 우리나라 콘텐츠 산업의 진일보를 위해 영진위나 콘진원 같은 공공기관에서 사업화를 검토했으면 하는 바람이다.

04
프리프로덕션 단계에서 미리 촬영 현장을 경험하다

사전시각화란 제작이 진행되기 전에 감독의 연출 계획을 시각화해 배우와 스태프들에게 전달하는 도구다. AI 사전시각화 기술은 빠른 속도와 수정 편의성을 기반으로 감독이 원하는 스타일과 장면이 나올 때까지 다양하고 정교한 시각화 옵션을 테스트할 수 있도록 지원한다. 그 결과 전체 제작 기간을 단축하고 제작 비용을 절감함은 물론 창작자의 아이디어를 확장하는 데에도 기여한다.

AI와 사주?

대본이 나온 이후 연출자가 가장 많은 시간을 들이는 과정 중 하나가 사전시각화(Pre-Visualization)다. 사전시각화란 실제 제작이 진행되기 전에 감독의 머릿속에만 있는 연출 계획을 시각화해 배우와 스태프들에게 전달하는 도구를 의미한다. 감독이 일일이 설명하기 어려운 생각을 그림이나 애니메이션으로 보여 주어 배우, 촬영감독, 조명감독 등의 제작진이 미리 준비할 수 있도록 도와준다.

사전시각화의 시작은 손으로 직접 그리는 전통적 스토리보드다. 간단한 스케치와 숏리스트(shot list)로 카메라의 시점, 동선 등 기본적인 연출 의도를 설명할 수 있다. 스토리보드는 제작이 빠르고 쉽기 때문에 가장 기본이 되는 사전시각화 방법이다. 어릴 적부터 그림을 그렸던 봉준호 감독은 자기 머릿속의 생각을 그대로 담아내지만, 그림을 잘 그리지 못하는 감독도 있고 그림 속에 모든 계획을 담아내기도 쉽지 않다.

또한 액션, 전투, 특수효과 등 섬세하고 복잡한 장면의 연출을 설명하기에 스토리보드는 한계가 있다. 배우의 움직임, 카메라의 이동 등의 수많은 정보를 그림 몇 장에 온전히 담아내기 어려운 까닭이다. 이러한 갈증을 채워 주는 것이 애니메틱스(Animatics)다. 애니메이션으로 만들어진 스토리보드라고 할 수 있는데, 배우들의 움직임, 카메라의 이동. 음향, 대화, 조명까지도 포함할 수 있다. AI는 이러한 사전시각화를 업그레이드해 콘텐츠 제작 효율성을 더 향상시킬 수 있는 방안을 제시한다.

사전시각화에 활용되는 AI

AI 사전시각화는 스토리보드에도 활용된다. 그림에 자신이 없는 감독은 스토리보드 아티스트의 힘을 빌렸지만 이제는 AI를 활용할 수 있게 되었다. 감독들은 미드저니(Midjourney)나 MS 코파일럿(Copilot) 같은 이미지 생성 AI를 활용해 콘셉트 아트를 만든다. 스토리보드 아티스트와 협의하면서 이것저것 반복적으로 수정하는 것보다 훨씬 빠르게 제작할 수 있으며, 기존 이미지나 영상을 반영하기도 용이하다. 이 콘셉트 아트를 기반으로 스토리보드를 제작한다. 숏 사이즈, 앵글, 인물 정보, 장소 설명 등 세부 설명을 텍스트로 입력하거나 참조할 수 있는 이미지를 입력하면, 직접 그림을 그리거나 아티스트들과 일하는 것보다 훨씬 빠른 시간에 스토리보드를 만들 수 있다. 물론 첫 번째 프롬프트로 원하는 이미지를 얻기는 어렵겠지만 여러 차례 반복하면 생각했던 모습과 유사한 이미지를 얻을 수 있으며, 다양한 연출 아이디어도 얻을 수 있다. 유사한 작업을 무한 반복시키는 것에 대한 미안함도 덜 수 있는 건 덤이다.

AI의 힘은 애니메틱스 사전시각화에서 더욱 크게 발휘된다. 전체 스토리를 결정지을 수 있는 중요한 장면이나 촬영 난도가 높은 장면, 특수효과를 많이 사용하는 장면 등에서는 미리 애니메틱스 사전시각화를 적용해 보는 경우가 많다. 연출자는 자신이 생각하고 있는 장면을 미리 경험해 봄으로써 자신의 의도가 관객에게 충분히 전달되는지를 판단하고 새로운 아이디어를 얻기 위해 사전시각화를 활용한다. 이미지로 만든 스토리보드로는 이러한 복잡한 장면을 충분히 시뮬레이션할 수 없기 때문에 애니메틱스를 활용하는 것이 더 효과적일 수 있다.

애니메틱스는 다시 2D와 3D로 구분된다. 2D는 상대적으로 빠르게 작업이 가능하다는 장점이 있으나 공간적 장면 재현, 최종 영상과의 유사성 등을 감안하면 3D 애니메틱스가 더 효과가 좋다. 3D 애니메틱스의 제작에는 블렌더(Blender), 오토데스크 마야(Autodesk Maya), 모션빌더(MotionBuilder)와 같은 컴퓨터 그래픽 소프트웨어가 사용된다. 이런 전용 소프트웨어를 활용하면 3차원 캐릭터를 제작하고 움직이게 하는 것은 물론 카메라 각도, 조명, 특수 효과 등을 포함하는 사실적인 시뮬레이션을 진행할 수 있다. 시각 효과나 스턴트가 포함된 복잡한 장면을 시뮬레이션함으로써 연출자가 원하는 장면을 미리 연습하고 현장에서의 돌발 상황을 최소화할 수 있어 할리우드의 제작 현장에서는 필수적으로 사용되고 있다.

그러나 우리나라의 제작 환경에서는 애니메틱스의 활용도가 그리 높지 않다. 원하는 장면을 즉각적으로 반영해 애니메틱스를 제작하는 속도가 느리고, 솔루션을 다룰 수 있는 인력이 부족한 것도 큰 이유다. 애니메틱스 사전시각화는 영상 제작의 불확실성을 최소화하기 위한 예행 연습이다. 시뮬레이션 과정에서 연출이 수정될 수도 있고 캐릭터, 소품, 의상, 배경 등이 바뀔 수도 있다. 가능한 시간 범위 안에서 수정과 수정을 거듭하면서 계획이 선명해지고, 새로운 아이디어가 덧붙여지며 정교해지는 것이다. 그러나 한번 수정을 할 때마다 오랜 시간이 걸린다면 아무리 좋은 도구일지라도 활용이 제한적일 수밖에 없다. 촬영 현장에서 시간은 돈이기 때문에 오래 걸린다는 것은 비용 효율성이 떨어진다는 이야기이기도 하다. 물론 최근에는 애니메틱스에 언리얼(Unreal)이나 유니티(Unity) 같은 게임엔진이 결합되면서 수정 속도가 대폭 빨라졌다. 실시간 게임엔진을 활용하면 이

전에 오랜 시간이 소요되었던 렌더링 과정을 대폭 줄일 수 있기 때문이다.

빛의 방향을 바꾼다거나 카메라의 방향을 조정하고 싶을 때 게임엔진을 활용하면 거의 실시간으로 수정이 가능하다. 그러나 여전히 복잡하고 정교한 액션이나 특수효과가 많은 스펙터클 장면을 제작하기 위해서는 숙련된 인력이 오랜 시간 작업해야 하며, 결과물의 수정 역시 추가적 인력과 시간이 소요된다. 제작비가 엄청난 규모의 할리우드 영화라면 결과물의 완성도를 위해 더 많은 인력과 비용을 투여하겠지만 가성비 중심의 국내 제작 환경에서 이를 따라하기가 쉽지 않다. 바로 이 대목에서 AI의 필요성이 높아진다. 인력과 비용이 문제이기에 AI가 결합된다면 애니메틱스 사전시각화의 비용이 획기적으로 줄어들 수 있기 때문이다. AI 도구를 활용해 텍스트나 이미지로 캐릭터의 디자인과 비주얼 가이드 등을 빠르게 제작한다. 그리고 만들어진 캐릭터에 원하는 움직임을 설명하는 텍스트, 레퍼런스가 되는 이미지, 비디오 등을 입력함으로써 복잡한 액션이나 특수효과 등이 포함된 장면을 제작하는 방식이다.

런웨이 젠2(Runway Gen 2), 피카랩스(Pika Labs) 같은 AI 프로그램은 사용자 친화적인 인터페이스를 갖춰 다양한 실험을 쉽게 반복할 수 있어 활용도가 높다. 감독은 자신이 원하는 스타일과 장면이 나올 때까지 다양한 시각화 옵션을 테스트한 후 더욱 정교하고 역동적으로 제작할 수 있는 것이다.

이렇게 만들어진 애니메틱스는 사전 시각화에만 활용되지 않는다. 애니메틱스는 촬영뿐 아니라 촬영된 영상의 포스트 프로덕션 작업의 가이드가 될 수도 있다. 이미 애니메틱스에는 CG 캐릭터나 물체의 레이아웃과 동선, 시각효과 디자인 등이 포함되어 있기 때문에 포스트프로덕션 작업의 훌륭한 가이드가 되어 준다.

산업 전망

AI 사전시각화의 최대 장점은 속도다. 영화나 드라마의 제작은 시간을 다투는 속도전이다. 속도 그 자체가 돈이다. 구현과 수정이 오래 걸린다면 사전시각화의 효용이 감소해 감독은 차라리 실제 현장에서 촬영하기를 원하게 된다. 그러나 AI 애니메틱스는 제작과 수정 시간을 획기적으로 단축하고, 제작 기간과 비례하는 제작 비용 또한 낮출 수 있다. 또한 AI 사전시각화는 창작자의 아이디어를 확장하는 데 기여한다. AI는 수정을 반복하는 과정에서 창작자의 아이디어를 현실화하는 것은 물론 많은 레퍼런스를 스스로 참조하고 셀프 브레인스토밍함으로써 연출자가 미처 생각지도 못한 장면을 제안하고 디테일을 재현해 창작자의 창의성을 촉진한다.

물론 아직까지는 기존 애니메틱스 대비 부족한 점이 많다. 게임엔진 기반의 기존 애니메틱스는 사전 시각화에 담긴 많은 가상 배경, 가상 객체, CG 캐릭터 등을 객체별로 제작하는데, 이는 후반작업에 연결되어 VFX 작업의 속도와 품질을 높이는 데 활용된다. AI 애니메틱스는 아직 이 수준에 이르지 못했다. 하지만 발전 속도를 감안할 때 조만간 게임엔진, 애니메틱스 기술과 공고히 결합해 캐릭터나 가상 객체의 데이터가 후반작업의 가이드로 활용될 수 있을 것이다. 또한 이렇게 쉽게 AI로 애니메틱스 사전시각화를 만들 수 있다면 콘텐츠 기획 단계에서 프로젝트의 피칭에 활용될 수도 있다. 과거 시나리오와 로그라인 중심의 피칭이 영상 중심으로 전환된다면 투자자들의 의사 결정을 도와 콘텐츠 투자가 훨씬 증대되는 데 기여할 것이다.

05
LED에서 창조된 공간이 현실이 되다

버추얼 프로덕션은 LED 월 기반의 가상 환경에서 콘텐츠를 제작하는 기술이다. 이미 최첨단 스튜디오들이 구축되었으나, 이를 활용하는 콘텐츠가 많지 않은 것은 3D 객체 제작의 난도가 높기 때문이다. AI 3D 객체 생성 모델들은 사물, 풍경을 넘어서 동식물과 인간 등 복잡한 3D 객체까지 빠르게 제작함으로써 버추얼 프로덕션의 장점이 충분히 구현될 수 있도록 지원한다.

AI와 아이돌?

환상적인 코스튬(Costume)을 입은 슈퍼히어로가 가공스러운 크리처(Creature)를 상대로 검을 휘두른다. 그러나 크리처가 정확히 얼마나 큰지, 어떻게 공격해서 슈퍼히어로를 곤궁에 빠뜨리는지를 상상해야 하는 건 온전히 배우의 몫이다. 배우는 아무것도 없는 깔끔한 블루스크린 앞에서 혼자서 연기를 해야 한다. 생의 마지막을 위해 여행을 떠나온 남자가 오로라의 아름다움에 눈물 흘린다. 벅차오르는 감정 역시 배우의 역량이다. 그에게 보이는 것은 바다도 오로라도 아닌 푸른 천뿐이기 때문이다. 배우들은 큐 사인과 함께 머릿속 상상에 의존해서 연기를 해야만 하고, CG 스태프들은 배우의 손짓 발짓에 맞추어 후반작업을 해야만 했다. 보지 않았기에 때론 감정 과다가, 때론 감정 부족이 될 수밖에 없다.

버추얼 프로덕션이란 실감형 콘텐츠 제작 기술과 시각효과 기술을 이용해 영화, 드라마 등의 다양한 콘텐츠를 LED 월(LED wall)을 활용한 가상 환경에서 제작하는 방식을 의미한다. 관련 기술이 비약적으로 발전하면서 영화, 드라마, 광고, 공연 등 다양한 콘텐츠 제작 현장에서 활발히 사용되고 있다. 버추얼 프로덕션은 보통 버추얼 스튜디오에서 이루어지는데 초고해상도 대형 LED 월이 스튜디오의 벽과 천장 등에 설치되어 있는 것이 특징이다. LED 화면에 고해상도 배경 영상을 상영해 마치 실제 현장에 있거나 거대한 무대에 서 있는 듯한 화면을 만들어 낸다.

사실적인 2D 이미지를 배경으로 촬영하는 매트 페인팅(Matte Painting) 방식처럼 고해상도 사진을 디스플레이에 영사하고 이를 배경 삼아 촬영하면 될 듯하지만 사실은 간단치 않다. 배우는 배경 안에서 쉴 새 없이 움직이며 카메라는 배우의 움직임과 시선을 좇는다. 배경이 현실적으로 보이려면 배우와 카메라의 움직임에 따라 배경이 함께 변화하며 실재감을 부여해야 한다. 따라서 버추얼 프로덕션의 배경은 고정된 2D 이미지가 아니라 3D 영상으로 제작되어 실제처럼 변화해야 한다. 담벼락에 기대어 사랑을 속삭이던 연인을 촬영하던 카메라가 위로 올라가면 비스듬한 담벼락 대신 담 너머 마당이 보여야 실제 같고, 그래야 배우가 실제 공간에 있는 것처럼 느낄 수 있다. 이를 위해서는 3D 객체 제작 기술은 물론 카메라의 움직임에 맞춰 객체를 초고해상도로 실시간 렌더링하는 기술이 필수적이다. 이를 가능하게 한 것이 언리얼이나 유니티와 같은 게임엔진이다. 게임엔진 덕분에 버추얼 프로덕션이 콘텐츠 제작에 활용될 수 있었고, 이 가능성을 본 기업들이 앞다투어 버추얼 스튜디오를 구축했다. 그러나 최첨단 스튜디오가 즐비함에도 불구하고 실제 버추얼 프로덕션을 활용하는 콘텐츠는 많지 않다. 설사 사용한다고 하더라도 극히 일부 장면에만 적용하는 경우가 대부분이다. 활성화를 가로막는 많은 이유 중 하나는 3D 객체 제작의 난도가 높아서 생각처럼 빠르게 3D 배경을 만들 수 없다는 것이었다. 바로 이 문제를 최근 AI로 해소하려는 움직임이 활발하다.

버추얼 프로덕션에서 활용되는 AI

콘텐츠 산업이 버추얼 프로덕션에 주목하는 이유는 표현의 확장성과 현장의 몰입도를 높이면서도 비용을 절감할 수 있기 때문이다. 버추얼 프로덕션을 활용하면 아무도 가 보지 못한 외계의 행성이나 상상 속 판타지 세상을 만들어 낼 수 있을 뿐 아니라 촬영 허가를 받기 어려운 장소를 구현해 낼 수 있다. 블루스크린 앞에서 보이지 않는 적과 싸우지 않아도 되며 모든 스태프들이 해외 로케이션을 떠날 필요도 없다. 또한 무대 장치를 옮기거나 바꿀 필요 없이 잠깐 사이에 국내에서 해외로, 밤에서 한낮으로 배경을 교체할 수도 있다.

현장감 넘치는 액션 장면을 위해 평상시에도 혼잡스러운 광화문 도로를 통제한다거나 세계문화유산인 불국사 경내에서 차량 추격 장면을 촬영하는 것은 촬영 그 자체의 난도도 만만치 않지만 촬영 허가를 받기도 쉽지 않다. 가상으로 구현해 낼 수만 있다면 모든 문제가 한 순간에 풀린다. 다만 문제는 시간과 비용이다. 광화문의 수많은 빌딩들이나 불국사 사찰 건물과 탑을 3D 객체로 구현하기 위해서는 많은 인력과 오랜 시간을 투입해야만 한다. 이래서는 가상 현실을 만들 수는 있겠지만 실효성이 없게 된다. 당장 제작 스케줄에 쫓기고 비용에 허덕이는 콘텐츠 제작 현장이 버추얼 프로덕션을 선뜻 도입하지 못하는 가장 큰 이유다. 다음 주 혹은 며칠 후에 불국사 경내 장면을 찍어야 하는데 석가탑을 3D로 재현하는 데만 한 달이 걸린다면 아무리 기술적 완성도가 높아도 채택할 수가 없다. 차라리 몰입감이 낮더라도 후반작업의 CG에 의존하는 것이 최선의 선택이다. 그러나 최근 너프(NeRF, Neural Radiance Fields)나 가우시안 스플래팅(Gaussian splatting) 등 2D 이미지를 활용해 빠르게 3D 객체를 제작할 수 있는 인공지능 기술이 등장하면서 버추얼 프로덕션의 효율성이 높아졌다.

너프는 여러 시점에서 촬영한 2D 이미지를 기반으로 3D 객체를 생성할 수 있는 AI 기술이다. 이전에는 3D 객체를 제작하기 위해서 물체나 사람을 360도 돌려 가며

수백, 수천 장의 이미지를 촬영한 후 3D 렌더링하는 방식을 사용했다. 하지만 너프는 10여 장의 이미지만으로도 촬영하지 않은 각도에서의 모습을 자동 생성해 마치 3D 렌더링된 것처럼 보여 준다. 즉 다양한 각도에서 촬영된 이미지와 해당 이미지의 카메라 값 등을 너프 모델에 입력하면, 연출자가 원하는 각도에서의 모습을 출력해 주는 것이다. 이렇듯 너프는 소수의 이미지를 활용하기에 속도가 매우 빠르면서도, 수많은 이미지를 합성한 기존 모델에 비해 손색이 없는 품질로 3D 객체를 제작할 수 있다.

가우시안 스플래팅도 너프와 유사한 기술이다. 여러 시점의 이미지를 활용해 3D 형상을 구현하는데, 위치, 크기, 불투명도, 색상 등이 다른 수백만 개의 입자를 활용해 입체적 형상을 표현하는 것이다. 구름 모양 입자들의 덩어리를 가우시안 블롭(Blob)이라고 부르는데 이 블롭들이 모여 전체 모습을 형성해 낸다. 기존 3D 객체 제작 방식에 비해 상대적으로 적은 데이터로 정교한 디테일을 포함한 자연스러운 모델을 만들어 낼 수 있어 각광받고 있다. 3D 모델이 공간에서 차지하는 정보를 함수화하는 너프와 달리 가우시안 스플래팅은 모델의 정보를 입자들로 표현한다.

물론 너프나 가우시안 스플래팅 같은 AI 3D 객체 생성 모델들도 초기에는 학습과 이미지 생성에 시간이 많이 소요되었다. 하지만 AI의 빠른 발전으로 지금은 학습 및 렌더링 속도를 크게 개선한 엔비디아(NVIDIA)의 '인스턴트 너프(Instant NeRF)'나 이미지의 필요 데이터를 최소화해 쉽게 3D 객체를 만들 수 있는 어도비(Adobe)의 '프로젝트 네오(Project Neo)' 같은 모델들이 속속 등장하고 있다. 또한 AI 객체 생성은 사물뿐만이 아닌 생명체로도 확장되고 있다. 에픽게임즈(Epic Games)의 메타휴먼 애니메이터(MetaHuman Animator)를 활용하면 한 명의 배우를 짧은 시간 안에 다른 모습의 수많은 가상 인간으로 변환할 수 있다. 즉 대규모의 엑스트라 배우 없이도 사람들로 가득 찬 축구 경기장이나 시위 현장, 출근길을 손쉽게 재현할 수 있는 것이다.

산업 전망

버추얼 프로덕션은 복잡하고 정교한 가상 세트를 통해 몰입도 높은 제작 환경을 구축하고 콘텐츠의 품질을 높인다. 또한 비용이 많이 드는 로케이션 촬영을 축소하거나 이동 및 대기 시간을 줄여 콘텐츠를 더 빠르게 제작할 수 있도록 지원한다. 이런 특성 때문에 〈만달로리안〉,

〈아바타〉 등 많은 콘텐츠들이 버추얼 프로덕션을 사용했다. AI는 이 버추얼 프로덕션 기술을 레벨업시켜 현장에서의 활용도를 높일 것이다. AI 3D 객체 생성 모델들은 사물, 풍경, 건축물을 넘어서 동식물과 인간 등 복잡한 3D 객체를 빠르게 제작함으로써 버추얼 프로덕션이 변화무쌍한 제작 환경에 유연하게 대응할 수 있도록 지원한다. 한번 제작된 3D 객체들은 축적된 자산이 되어 다른 장면이나 다른 콘텐츠에도 반복적으로 활용될 수 있으므로 가상 배경 제작 속도를 크게 단축할 수 있다.

그러나 여기서 그치지 않는다. AI 버추얼 프로덕션이 보편적으로 사용된다면, 전반과 후반으로 단절되었던 콘텐츠 제작 파이프라인이 하나로 통합되는 효과를 볼 수 있다. 이로 인한 비용 절감과 효율성 향상은 말이 필요없을 지경이다. 전통적인 프로덕션에서는 사전 시각화를 위한 저품질 3D 모델을 제작해 테스트하고, 물리적 세트나 블루스크린에서 배우들을 촬영한 후 CG/VFX로 고품질 3D 모델들을 제작 및 합성하는 복잡한 단계를 거쳐 콘텐츠를 완성했다. 그런데 AI 버추얼 프로덕션에서는 고품질 3D 모델을 실시간으로 제작한 뒤 사전시각화로 테스트 후 수정하고 가상 세트에 반영해 촬영하면 완성물에 가까운 콘텐츠를 만들어 낼 수 있다. 후반작업이 최소화되는 만큼 제작 속도는 빨라지고, 비용은 절감될 수밖에 없다. 전체 제작 프로세스의 획기적인 변화는 덤이다.

06
CG/VFX 노동 집약적 파이프라인에서 탈피하다

콘텐츠 제작에서 CG/VFX의 활용 범위는 매우 넓으며 이를 위해 많은 팀들이 협력한다. 따라서 전체 프로세스를 관리하고 워크플로를 설정하는 것이 중요한데 이를 통칭하는 것이 CG/VFX 파이프라인이다. AI는 색 보정 같은 단순 반복형 작업을 넘어 리깅, 텍스처링, 애니메이션 등 CG/VFX 프로덕션 전반에 적용되면서 새로운 협업 방식과 파이프라인을 요구하고 있다.

AI와 야구?

5분일까, 10분일까. 블록버스터 영화의 쿠키 영상을 보기 위해 기다리는 동안 스크린에는 영화에 기여한 이들의 크레딧이 끊임없이 올라간다. 그러곤 놀란다. 영화 전체 스태프 중 CG/VFX 인력이 압도적으로 많기 때문이다. 블록버스터 영화를 제작하는 데는 보통 2,000명 이상의 CG/VFX 인력이 참여한다. 이 인건비는 그대로 제작비에 반영되며 블록버스터 영화 제작비의 50%가량이 CG/VFX에 할애된다. 주연 배우들의 출연료가 전체 제작비의 20%에 달하지만 주연 배우들의 흥행 영향력을 고려할 때 이 비용을 줄이기는 어렵다. 또한 주연 배우와 CG/VFX를 제외한 나머지 인건비는 총 제작비에서 차지하는 비중이 높지 않아 이를 줄인다고 해도 절감 효과가 크지 않다. 그러니 50%에 달하는 CG/VFX에서 효율을 확보할 수 있다면 제작비 경감 효과는 분명할 것이다.

당연히 CG/VFX 영역에 AI를 접목하려는 생각은 합리적이다. 콘셉트 아트, 사전시각화 같은 기획 단계에서 사용되며 프로덕션 단계의 3D 모델링, 모션캡처, 버추얼 프로덕션 등의 다양한 과정에서도 활용된다. AI는 디에이징, 버추얼 휴먼, 3D 모델 생성 등 창작자들의 상상을 현실화하는 비용을 낮추며 VFX와의 결합 폭을 넓혀 가고 있다. 그러나 실제 현장에서 가장 많이 활용되며 제작

비용과 제작 기간을 단축하고 있는 AI는 포스트 프로덕션의 색 보정, 동기화, 태깅 등 엄청난 반복 작업을 효율화하는 기술이다. 색 보정이란 각기 다른 환경이나 시점으로 촬영되어 색상, 명암 등이 상이한 영상을 시각적으로 일관되게 보정하는 작업이다. 과거에는 모든 촬영 영상의 색상 값을 사람이 일일이 조정하는 반복적 작업으로 처리했다. 이 때문에 디지털 색 보정에만 30일 이상 소요되었다. 그러나 AI는 영상의 장면을 스스로 분석하고 일관성 있게 출력물을 조정할 수 있어 반복적이고 오랜 시간이 소요되었던 색 보정을 효율화함으로써 제작 기간을 단축하고, 창작자가 창조적 업무에 더욱 집중할 수 있도록 했다. 이제 AI는 색 보정 같은 반복형 작업을 넘어 포스트 프로덕션 전반의 노동 집약적 프로세스를 효율화하고 파이프라인을 개선하는 데 활용되고 있다.

CG/VFX에 활용되는 AI

영상 콘텐츠 제작에서 CG/VFX의 활용 범위는 매우 넓으며 많은 팀들이 이를 수행하기 위해 협력한다. 협력이 효과적으로 진행되기 위해서는 전체 VFX 프로세스를 체계적으로 관리하고 워크플로를 설정하는 것이 중요한데 역할 분담, 관리, 워크플로 등을 통칭해 VFX 파이프라인이라고 부른다. VFX 파이프라인은 장면별로 상이하고 병렬적으로 처리되는 경우가 많지만 일반적으로 3D 모델링, 매트 페인팅, 리깅(Rigging) 및 애니메이션, FX, 매치 무빙, 텍스처링, 라이팅, 로토스코핑(Rotoscoping), 스티칭(stitching) 등의 작업이 포함된다.

VFX 관련 인공지능 기술은 미드저니 등을 통해 이미지를 빠르게 생성해 고도로 사실적인 배경 이미지인 매트 페인팅 제작을 효율화하거나, 너프, 가우시안 스플래팅 등을 활용해 3D 모델을 빠르게 제작하는 등 프로덕션 과정을 개혁하는 데 활용되는 것은 물론 포스트 프로덕션의 많은 단계에 적용되며 파이프라인을 혁신하고 있다.

리깅 및 애니메이션은 3D 모델에 움직임을 부여할 수 있도록 뼈대를 생성하고 모델의 스킨과 연결하는 작업이다. 즉 3D 모델을 조작할 수 있는 콘트롤 시스템을 만들어 모델에 생명을 불어넣는 것이다. 일반적으로는 캐릭터의 구조와 움직임을 분석해 적합한 뼈대를 만들고, 스킨과 연결한 후 뼈대 움직임의 방향, 범위 등을 설정하는데 애큐리그(AccuRIG) 등의 AI 솔루션은 모델의 형태를 인식해 자동으로 최적의 뼈대를 생성하고 스킨과 연결한다. 반복적 작업을 대폭 줄여 인력과 시간을 감축할 수 있는 것은 물론 뼈에 연결된 스킨의 자연스러운 주름 등을 구현하기에도 훨씬 용이하다.

텍스처링은 3D 모델이 최대한 사실적으로 보이도록 표면에 질감을 부여하는 작업이다. 표면의 색상이나 재질뿐 아니라 유체, 생물의 헤어나 스킨 등을 표현하기 위해서는 반복적 노동이 필수다. AI는 원하는 텍스처의 질감과 패턴을 학습하고 이를 랜덤 반복해 섬세하며 인위적이지 않은 텍스처를 만들어 낸다. 또한 만들어진 텍스처 스타일을 다른 질감이나 소재에 적용하거나 모델 표면의 굴곡과 구조를 자연스럽게 반영하며, 손상된 텍스처를 자동 보정하는 기능을 통해 반복 작업과 후처리 과정의 축소는 물론 높은 품질의 영상 작업을 지원한다.

CG 캐릭터와 사물을 더욱 사실적으로 만들기 위해서는 장면과 캐릭터에 맞는 조명과 그림자, 색상 등을 조정하는 라이팅 작업이 필수다. AI를 활용하면 합성하고자 하는 실사 영상에서 빛의 방향, 강도, 색 온도 등 조명 정보를 자동으로 추출한 후 CG 장면이나 캐릭터에 적용해 가상 캐릭터가 실사 환경에서 촬영된 것처럼 만들 수 있다. 엔비디아의 RTX 등은 실시간으로 장면 내의 빛의 경로를 학습하고 시뮬레이션해 사실적인 광원, 그림자, 반사 등을 구현하는 대표적 AI 기술이다. 이를 활용하면 가상 물체의 표면 반사와 그림자를 사실적으로 생성할 수 있으며, 가상 물체의 반사율, 투과율, 굴절률 등 광학 특성을 반영해 반사로 인한 조명 효과까지도 구현 가능하다. 또한 각 장면에서 광원과 물체의 위치를 파악하여 움직이는 물체의 그림자 등을 자연스럽게 생성할 수도 있고, 라이팅이 적용된 고품질 이미지를 실시간으로 렌더링해 시간을 절감하고 즉각적 수정이 가능하도록 지원하기도 한다.

로토스코핑은 원본 영상의 프레임에서 캐릭터나 물체만 잘라내어 다른 배경에 접합하는 작업이다. 프레임별로 캐릭터만을 잘라 내고 이를 다시 붙이기 위해서는 정교하고 반복적인 수작업이 필수적이었다. 물론 크로마키잉 등을 사용하면 필요 없는 배경을 쉽게 제거할 수 있지만 높은 품질의 영상을 위해서는 여전히 로토스코핑 작업이 요구된다. 런웨이 ML(Runway ML)이나 로토브러시 2(Rotobrush 2) 등의 모델은 캐릭터나 물체를 인식한 후 그 경계를 픽셀 단위로 감지할 수 있어 기존 방식 대비 훨씬 정교한 결과물을 얻을 수 있다. 또한 프레임 속에서 원하는 객체를 인식한 후 다음 프레임에서 해당 객체를 자동 추적하는 모션 트래킹 기능이나 객체의 움직임을 예측해 추적하는 기능, 머리카락과 같은 복잡한 객체의 가장자리를 더욱 정교하게 추출하는 기능 등을 갖추고 있어 빠르고 정교하며 일관된 영상을 제작할 수 있다.

포스트 프로덕션 VFX 워크플로의 마지막 단계는 만들어진 모든 VFX 요소들을 실제 영상과 합성해 최종 장면을 만드는 스티칭이다. 장면을 구성하는 실사 영상, VFX 이미지, 매트 페인팅 등 모든 자료들을 결합하기 위해서는 왜곡과 색상차 등을 일일이 보정해야 하기 때문에 무척 손이 많이 간다. AI 기술은 여러 대의 카메라로 촬영한 영상의 시차, 색상, 노출 등의 왜곡을 보정하고 VFX 이미지를 빠르고 자연스럽게 결합할 수 있도록 도와준다.

이 외에도 AI 기술은 저해상도 이미지를 학습한 후 고화질로 변환하고 영상의 노이즈를 제거하거나 디테일을 복원하는 업스케일링, 물이나 불, 연기 등을 표현하는 FX 작업, 움직이는 실사 영상에 VFX 요소들의 움직임을 반영하는 매치 무빙 등 다양한 포스트 프로덕션 과정에 적용되며 영상 제작의 시간과 비용을 절감하고 있다.

산업 전망

창작자들 대부분은 직접적으로 자신들을 대체할 수도

있는 생성형 AI보다는 단순하고 반복적이며 시간과 비용이 많이 드는 업무를 대신하는 일반 AI를 더 선호한다. 일반 AI가 보편화되면 창작자들은 지금보다 훨씬 더 창조적 작업에 집중할 수 있기 때문이다. 그래서 실제 작업 현장에서는 기획이나 프로덕션 단계보다 포스트 프로덕션에서 AI가 더 활발하게 적용되고 있다. 이미 활용도가 높은 색 보정은 물론 리깅 및 애니메이션, 텍스처링, 로토스코핑 등 포스트 프로덕션 작업에서 AI의 활용이 가속화되어 영상 제작을 효율화할 것으로 예상된다.

하지만 포스트 프로덕션에서 AI 기술들이 더 많이 적용될수록 불가피하게 프리 및 프로덕션에 영향을 미칠 것이며 그로 인해 기존 CG/VFX 파이프라인 전체가 변형될 수밖에 없다. CG/VFX 파이프라인이란 서로 다른 작업을 효율적으로 진행하기 위해서 협업을 하는 과정을 말하는데, AI가 기존 과정들을 통합하고 효율화하면 지금과 같은 노동 집약적 파이프라인의 변화는 불가피하다. AI의 도움을 받아 3D 모델링이 물체의 질감과 패턴까지 생성할 정도로 훨씬 정교해지면 텍스처링 단계가 통합될 것이고, AI 기반 모션캡처나 애니메틱스가 발전한다면 리깅과 애니메이팅의 업무를 축소할 수 있을 것이다. 또한 새로운 이미지를 만들고 생성된 2D 이미지를 3D로 전환하는 비용이 매우 낮아진다면 조명, 카메라 각도 등을 변경하기 어려운 기존 매트 페인팅을 사용할 필요도 없어진다. AI가 기존 노동 집약적 파이프라인 대신 새로운 협업 방식을 요구할 것이다.

07
더빙과 자막, 플랫폼 사업자의 통제권을 회수하다

글로벌 시장 진출을 위해서는 더빙과 자막은 필수적이다. 다양한 AI 기술의 발전과 더불어 더빙과 자막의 품질이 높아져서 조만간 최종 감수 정도만 인간이 참여하면 되는 시대가 도래할지도 모른다. 이렇게 되면 콘텐츠 사업자는 더 적극적으로 콘텐츠 제작 의도에 맞게 더빙과 자막을 입힐 수 있어 상품 경쟁력이 더 좋아질 것이다.

AI와 윤동주?

전체 콘텐츠 제작 공정 중에서 AI가 가장 많이 적용되고, 실제 수준을 바로 확인할 수 있는 영역이 바로 더빙과 자막 분야일 것이다.

지상파와 케이블은 국내 로컬 서비스다. 동일 국가 단위에서 동일 언어를 사용하고 있는 곳의 영상 서비스다. 법에서 정한 '장애인을 위한 자막 해설 서비스'가 아니라면 굳이 자막이나 더빙을 해야 할 이유가 없다. 물론 콘텐츠의 수출 · 수입을 위해서는 자막과 더빙을 해야 하기도 했지만, 대부분은 수출국이 아니라 수입국에서 진행하는 경우가 대부분이다. 즉 방송사 입장에서는 별도의 자막 작업을 할 필요가 없었다. 수입 콘텐츠의 경우 자막이나 더빙 작업을 해야 하겠지만, 미국, 중국, 일본 등 소수의 국가 콘텐츠가 대부분이었고 콘텐츠의 규모도 크지 않아서 자동화의 필요성이 상대적으로 약했다.

반면에 유튜브와 넷플릭스는 글로벌 서비스다. 한국 콘텐츠를 수급하더라도 소비는 국경을 넘는다. 단일 콘텐츠의 소비 및 흥행 예측에 따라서 더빙 제공 국가나 자막 제공 국가의 수가 정해진다. 〈오징어 게임 2〉는 아마도 190여개 국에 맞추어 더빙과 자막이 입혀졌다. 2024년 상반기 최고 히트작이었던 〈눈물의 여왕〉은 33개 언어로 자막이 제공되었다. AI의 도움 없이 사람이 전 과정을 진행한다면 자막과 더빙은 사람과 돈이 전부라고 해도 과언이 아니다. 숙련된 전문가들은 영상 화면에 나오는 배우의 입 움직임과 길이에 맞추어 기가 막히게 자막과 더빙을 조절한다. 하지만 비용 절감을 위해 AI의 도움을 받는다고 해도 이 과정이 녹록지 않다. 요소별로 필요한 기술도 다를 뿐만 아니라 기술별로 실용 가능한 난이도도 제각각이다.

제일 먼저 한국어 오디오를 텍스트로 변환하기 위해서는 자동 음성 인식(ASR, Auto Speech Recognition) 기술이 적용된다. 자동 음성 인식이라고 쉽게 쓰긴 했지만, 이 자체에도 음성의 특징을 추출하고 해당 음성에 대응하는 음소를 예측하는 신경망 기반 모델이나 특정 단어나 구문이 나올 확률을 계산해서 음성 인식의 정확도를 높이는 N-그램 모델 등이 적용된다. 배경 소음이나 잡음을 제거해서 음성 데이터만을 추출하는 기술도 필요하고, 음성 구간과 비음성 구간을 구분하는 음성 활동 감지(VAD, Voice Activity Detection) 기술이 필요하다. 인식된 텍스트에서 오류를 수정하고 발음상에 나오지 않는 구두점이나 대소문자를 추가하거나 스펠링이나 문법 검사 등도 해야 한다. 이 외에도 실시간 처리 기술을 포함해서 다양한 기술들이 복합적으로 작동해야 겨우 자동 음성 인식이 가능하다. 그런데 자동 음성 인식은 더빙을 위한 첫 단계에 불과하다. 단계별로 감정 모델링 등 개별적인 AI 기술이 적용되어야 겨우 쓸만한 더빙이 이루어진다.

큰 틀에서 보면 더빙과 자막은 기본적으로 유사 기술을 활용한다. 자막 역시 자동 음성 인식과 자연어 처리(NLP, Natural Language Processing)를 근간으로 하고 있고, 타이밍을 맞추기 위한 다양한 기술적 조정 등이 포함되기 때문이다. 이 두 작업에 필요한 기술들은 일부 중첩되지만, 더빙은 음성 합성과 감정 표현에 더 중점을 두며 자막은 텍스트 처리와 음성-텍스트 변환에 초점을 맞추고 있을 뿐이다. 그러나 단순 자막을 넘어서 자막 해설 단계로 넘어가면 다른 수준이 된다. 대부분의 국가에서 청각 장애인을 위한 자막 해설 서비스(closed captions)를 법제화하고 있다. 차이가 있다면 프로그램 적용 범위 정도가 다를 뿐이다. 그런데 최근에 HBO로 대표되는 WBD(Warner Brothers Discovery)가 구글과 손을 잡고 AI를 활용한 자막 해설 서비스를 제공하기 시작했다. 자막 해설은 화면에 나오는 대사를 문자화해 주는 단계를 넘어서 말 그대로 화면, 즉 장면 속에 나오는 바람 소리 등 음성 정보를 설명해 주는 서비스다. 걸어오는 소리,

바람이 부는 소리, 문이 닫히는 소리 등을 시각화해서 보여 주는 작업이다. 이를 위해서는 소위 해당 화면을 이해하는 화면 인식 기술이 필요하다. HBO에 따르면 AI 도입 이후 자막 해설 서비스의 비용이 50%로 줄었고, 시간도 80%가 줄었다고 평가하고 있다.

이 모든 것이 AI 기술의 현격한 발전 때문이다. 불과 몇 년 전에는 상상하지 못할 일이 일어났다. 과거와는 달리 단순 기계음을 넘어서 자연스러운 감정 표현이 가능해지고 있다. 현재 몇몇 고급 AI 음성 합성 기술은 감정, 억양, 음성의 다양한 뉘앙스를 표현할 수 있어 인간의 목소리에 근접한 음성을 생성하고 출력할 수 있다. 예를 들어 감정 상태에 따라 목소리의 톤이나 속도 조절이 가능해 특정 감정을 전달할 수 있다. 예전과 달리 더빙된 콘텐츠가 자연스러운 감정과 몰입감을 제공해 줄 수 있는 수준으로 기술적 진보가 이루어졌다. 얼마 전 공개된 유튜브 자동 더빙 시스템(Auto dubbing system)은 화자의 목소리에 담긴 흥분 상태가 그대로 다른 언어로 더빙되는 등 감정 표현을 담아내고 있다. 아직은 일부 국가에 한정되긴 했지만 현재의 AI 발전 속도를 가정하면 수년 내로 상당수의 언어를 생생하게 더빙하는 세상이 올 것으로 보인다. 더빙에 제공되는 언어 수는 기술의 발전과 함께 확장 중이며, 주요 AI 음성 합성 도구들은 수십 개 언어를 지원하고 있다. 구글, 마이크로소프트, 아마존 등 대형 기술 회사들은 20개 이상의 언어를 지원하고 있으며, AI 스타트업들도 다양한 언어로 확장하고 있다.

더빙이 가능해지면 음성 기반의 새로운 사업 기회가 열리게 된다. 성우가 아닌 AI가 더빙을 한다는 것은 목소리를 AI화한다는 것을 의미한다. 이 때문에 생존하거나 고인이 되신 유명인의 음성을 복사 혹은 재현할 수도 있다. 메타가 최근에 몇몇 유명인의 목소리 권리를 구매한 것도 이 맥락이다. 유명인의 음성 자료를 챗봇에 활용하는 메타의 기술은 기본적으로 AI 더빙 기술과 큰 맥락에서 차이가 없다.

현재 이 시장에서는 클라우드 서비스 사업자의 내재형 서비스 외에도 다양한 사업자들이 각축전을 벌이고 있다. 2022년 설립된 일레븐랩스(ElevenLabs)가 가장 앞서 있는 것처럼 보이지만, 2018년 설립된 리스피처(Respeecher)는 한 사람의 목소리를 다른 사람의 목소리로 변환하는 기술을 제공해 단순한 더빙을 넘어섰다. 그 밖에 2005년 설립된 사운드하운드(SoundHound) 등도 유명하다. 최근에는 마이크로소프트에서 개발한 음성 합성 모델인 발리(VALL-E)가 3초 음성 샘플만으로 특정 화자의 목소리를 재현할 수 있다며 주목을 끌기도 했었다. 과거에 비해서 기계음 수준은 확연히 벗어났지만, 여전히 감정 표현 등에서는 제한적이다. 예를 들어 화가 난 목소리를 재현한다고 하더라도 국가와 문화별로 표현하는 양식이 다를 수 있다. 이 때문에 문화적 수준에 맞는 표현 양식을 학습하는 것이 다음 과제로 남아 있다.

산업 전망

AI 기반 더빙과 자막 시장의 미래는 기술 발전과 미디어 소비의 변화에 힘입어 크게 성장할 것이다. 아직까지는 AI를 도입하더라도 자막과 번역의 공정별로 사람이 붙어서 감수하는 작업을 병행하지 않으면 오류 등의 문제가 발생한다. 앞서 언급한 유튜브의 자동 더빙 시스템은 말 그대로 더빙 그 자체를 자동화한 것이지만, 넷플릭스 등 글로벌 OTT 사업자는 여전히 AI 자동화보다는 단계별 AI 도입을 중심으로 하고 있다. 타이밍이나 싱크 같은 경우에는 AI의 도움을 받기도 하지만, 말 번역의 문제 등은 1차로 AI의 손길을 받더라도 전문가들이 일일이 해당 원고를 검토하고 수정하는 작업을 병행하고 있다. 이는 영상 콘텐츠는 일상 대화와는 다른 창작 작품이자 예술 작품이기 때문에 단순 번역으로는 그 맛을 살릴 수 없기 때문이다.

일단 대형 사업자들은 AWS와 애저(Azure), 구글 클라우드 서비스에서 기본 서비스로 제공하고 있기 때문에 별도의 서비스를 이용하지 않고서도 더빙과 자막 서비스를 쓸 수 있을 것으로 보인다. 대형 클라우드 사업자들은 규모의 경제 기반으로 가격 경쟁력을 확보해 중소 규모 콘텐츠 제작자들이 저비용 혹은 무료로 고품질의 서비스를 이용할 수 있도록 할 가능성이 있다.

이런 상황이 지속되면 콘텐츠 사업자는 플랫폼 사업자에 의존하지 않고 자신들이 직접 콘텐츠를 감수해 지금보다 완성도가 높은 더빙 서비스를 제공, 콘텐츠 시장 확장의 핵심 무기로 활용할 수 있을 것이다. 광고 기반 무료 스트리밍 TV(FAST, Free Ad-Supported TV)가 차세대 방송 시장의 표준이 된다면 채널 사업자가 글로벌 시장에서 활약할 수 있는 수단으로서 자막과 더빙은 무기가 될 수 있다. 플랫폼 사업자의 통제권에서 벗어나 콘텐츠 사업자가 독립적인 사업의 발판이 될 수 있게 된다.

또한 개인화 서비스의 하나로 더빙과 자막 서비스가 제공될 여지도 있다. 예를 들어 내가 좋아하는 톰 크루즈 영화의 한국어 더빙판 목소리를 내가 좋아하는 한석규의 음성으로 선택할 수 있기 때문이다. 취향의 문제이긴 하지만, 개개인의 취향과 요구에 맞춘 더빙 및 자막 서비스가 나올지 주목할 필요가 있다. 또한 생성형 AI 덕분에 조금 더 자연스러운 서비스 제공이 가능할 것이다.

08
디지털 마케팅의 난제를 해결하다

디지털 플랫폼의 막강한 영향력 때문에 드라마 리뷰, 패스트 무비 등의 디지털 마케팅이 활발하지만 본편 시청 지표와의 카니발은 외면하기 어려운 우려 사항이다. AI의 발전은 쿠키 영상, 캐릭터 팬미팅 등 마케터들이 꿈꿔왔던 다양한 방식의 디지털 마케팅이 실현될 수 있는 방법을 제시한다. 또한 AI는 마케팅 전략이나 고객별 큐레이션 등의 마케팅을 고도화하고 있다.

AI와 한의학?

드라마 제작 회사인 A사는 이번에 큰 제작비를 투입한 드라마를 론칭한다. 16부작으로 제작되는 이 판타지 드라마는 저명한 작가에 유명 배우, 검증된 연출자로 이루어진 환상적 패키징을 자랑한다. 그에 걸맞게 엄청난 제작비를 투입했고, 제작비가 큰 만큼 제작사의 명운을 짊어지고 있다. 마케팅 팀장이 마케팅 워크리스트를 훑어보았다. 드라마 포스터, 티저 영상, 홍보 기사 등의 일반적 마케팅 활동은 이미 차질 없이 진행되었고, 매체 광고도 다양하게 집행되었다.

온 · 오프라인 프로모션도 나름 성공적이었으며 팝업스토어는 MZ 세대에게 이슈도 되었다. 이제 남은 것은 유튜브 등 디지털 플랫폼을 활용한 마케팅이다. 디지털 콘텐츠 팀이 드라마 본편의 1부와 2부에서 시청자의 관심을 끌 만한 장면들을 요약 편집해서 업로드하기로 했다. 방영이 된 후에는 다양한 시청자 소비 행태에 맞춰 주요 장면을 쇼츠 등 다양한 길이로 재편집해서 서비스하고, 크리에이터들은 이슈가 될 만한 내용을 압축해 업로드할 것이다. 유튜브나 디지털 플랫폼에서 주요 장면을 모두 봐 버리면 전체 영상을 안 보는 것 아니냐는 우려가 있지만 전 국민이 하루에 한 시간 이상 숏폼을 시청하는 요즘 디지털 플랫폼을 빼 놓고는 마케팅을 이야기

할 수 없다.

가끔 교수님들은 디지털 마케팅을 제대로 하려면 본편과 연계된 별도의 내용으로 짧은 영상을 제작하거나, 캐릭터의 전사를 설명하는 부가 영상 등을 올려야 한다고 조언하기도 한다. 하지만 그런 콘텐츠를 유튜브를 위해 새로 제작하는 것은 제작비와 제작 시간을 고려할 때 불가능에 가깝거니와 배우들이나 제작진들의 동의를 구하기도 어려웠다. 그러나 이제 AI가 마케팅 팀장의 고민을 덜어 줄 수 있을지도 모른다.

디지털 마케팅에 활용되는 AI

교수님의 조언이 아니더라도 많은 사람들이 드라마의 내용을 요약하는 유튜브 패스트무비의 조회수가 드라마 시청률과 카니발을 발생시킬 수 있다는 것을 안다. 또한 드라마의 본편 콘텐츠와 디지털 콘텐츠가 유기적으로 결합될 때 카니발 없이 시너지를 발휘하며 마케팅 효과를 높일 수 있다는 것을 짐작할 수 있다. 캐릭터가 왜 이런 특성을 가지게 되었는지 캐릭터의 전사를 보여 준다거나, 캐릭터 간의 과거 관계를 디지털 전용 콘텐츠로 만들어 이해를 도울 수도 있다. 본편에서는 시간 관계상 회수하지 못했던 복선의 의미를 설명할 수도 있고, 기획 단계에서 좋은 아이디어로 주목받았지만 최종 대본에는 포함되지 않았던 에피소드를 보여 줄 수도 있다. 또는 캐릭터들을 한데 모아 팬미팅을 열거나, 캐릭터와 팬들의 대화를 통해 콘텐츠의 팬덤을 강화할 수도 있을 것이다.

하지만 이런 마케팅 아이디어들을 실제 추진하려면 많은 장애를 넘어서야 한다. 우선 빠듯하다 못해 촌각을 다투는 제작 일정이다. 우리나라의 콘텐츠 제작 일정은 여유롭지 않다. 본편을 제작하기도 바쁜 일정 속에서 자투리 영상까지를 기획하고 제작한다는 것은 감독, 스태프는 물론 배우들에게도 쉬운 일이 아니다. 물론 사전 제작 드라마라면 시간을 조정할 수도 있겠지만, 제작 기간은 곧바로 비용과 연결되기 때문에 제작 중에 자투리 영상에 한눈을 팔기 어렵고, 약속된 일정 이후에는 배우나 스태프들이 곧바로 다른 작품에 참여하기 때문에 디지털 전용 콘텐츠에 시간을 할애하기 어렵다.

다음 장애 요소는 비용이다. 억지로 시간을 낸다고 하더라도 별도의 영상을 제작하는 데는 그만큼의 공이 들어간다. 디지털 콘텐츠를 추가로 제작하기 위해서는 별도의 촬영이 필요하다. 고액의 출연료를 받은 주연급 배우들은 마케팅을 위해 무상으로 참여한다 해도 추가 촬영을 위한 스태프들의 인건비, 장비 대여료, 세트나 미술 비용을 생각하면 부가되는 비용을 무시할 수 없다. 최근 영상 콘텐츠의 제작 비용은 급격히 상승했으나, 콘텐츠의 성공 가능성은 오히려 낮아졌고 성공한 콘텐츠라 할지라도 수익성이 높지 않다는 것을 고려하면 디지털 콘텐츠를 위해 별도의 제작비를 투자하는 것은 생각하기 어려운 일이다.

그러나 이미지 및 비디오 생성, AI 더빙 및 번역, LLM, 멀티모달 등의 다양한 인공지능 기술을 활용해 배우와 스태프의 일정을 연장하지 않고도, 막대한 추가 제작비를 투입하지 않아도 마케팅 효과가 높은 새로운 디지털 콘텐츠를 만들어 낼 수 있는 길이 열리고 있다. 우선 이미지 생성 AI로 콘텐츠 캐릭터의 개성을 잘 표현할 수 있는 주조연들의 캐릭터 이미지들을 만든다. 이미지 생성 AI는 유무료를 포함해 다양한 모델이 출시되어 있으므로 익숙한 것을 사용하면 된다. 한글 텍스트를 기입해 이미지를 생성할 수 있는 모델도 많으며, 어도비의 파이어플라이 같은 모델을 활용하면 구상하고 있던 이미지와 유사한 이미지를 검색한 후 여기에 명령어를 추가해 자신만의 새로운 캐릭터를 만들 수도 있다. 자신이 직접 그린 스케치를 기반으로 이미지를 생성할 수도 있다.

캐릭터 이미지가 만들어졌다면 동영상 생성 AI를 활

용해 원하는 영상을 제작한다. 물론 아직은 동영상 생성 AI의 기술적인 한계 때문에 복잡한 연기 연출과 영상 길이에 제한이 있지만 기술 발전 속도를 볼 때 빠르게 해소될 것으로 예상된다. 이미 캐릭터와 줄거리만 입력하면 AI가 이를 해석해 연기, 조명, 카메라 위치 등 필요한 요소를 설정해 최종 영상을 제작할 수 있는 시네브이(CINEV) 같은 솔루션도 등장했다. 이용자는 제작된 영상을 확인하며 배우의 동작, 카메라 위치, 조명 등을 자유롭게 수정할 수 있다. 물론 동영상 생성 AI는 품질에 제한이 많으므로 더 정교한 연출이 필요하다면 사전시각화에서 사용되는 인공지능 애니메틱스 기술이나 모션 캡처 기술을 활용할 수도 있다. 동영상 생성 AI를 활용하는 것보다는 비용이 많이 들겠지만 실제 배우들을 활용하는 것에 비할 바는 아니다.

영상이 제작되었다면 배우의 목소리를 활용하거나 새로 만든 목소리로 더빙한다. 캐릭터의 특성을 살려 줄 수 있는 말투를 선택할 수도 있고 자연스러운 연기도 가능하다. 글로벌 팬들을 위해 70개국 이상의 언어로 번역해 더빙할 수도 있다. 외국어로 번역해 더빙하면 입 모양과 소리의 립싱크가 어긋날까 봐 걱정하지 않아도 된다. 피카랩스의 '립싱크'나 알리바바의 'EMO' 등의 AI 솔루션을 활용하면 번역된 음성에 맞춰 입 모양은 물론 캐릭터의 표정이나 머리의 자연스러운 움직임까지 수정할 수 있기 때문이다. 여기에 AI가 제작한 효과음을 삽입하면 완결성을 갖춘 콘텐츠가 완성된다. 디지털 영상뿐만이 아니다. 대본과 캐릭터의 전사를 학습한 버추얼 캐릭터들은 팬미팅을 통해 팬들과 소통할 수 있고 인터뷰를 진행하거나 작품에 대한 코멘터리를 할 수도 있다.

애니메틱스나 AI 비디오 생성 모델을 활용한 캐릭터를 제작한다고 하면 버추얼 인플루언서를 떠올릴 수도 있지만 버추얼 인플루언서의 제작 방식과는 조금 다르다. 버추얼 인플루언서는 실제 사람처럼 보이도록 정교하게 만들어지는 경우가 많다. 그래서 실제 사람을 영상으로 촬영하고 별도의 CG 작업을 통해 얼굴만 교체하는 방법을 사용하기도 한다. 물론 이런 경우에도 목소리나 움직임을 표현하기 위해 많은 AI 기술을 활용하지만 정교한 CG 작업을 동반하기 때문에 비용의 문제가 적지 않다. 하지만 디지털 마케팅 영상은 버추얼 인플루언서만큼의 정교함이 필요치 않으므로 가용 예산 수준에서 만들면 된다.

산업 전망

인공지능의 발전은 마케터들이 상상만 했던 다양한 방식의 디지털 마케팅이 실현될 수 있는 방안을 제시했다. 비용과 제작 일정 때문에 추진할 수 없었던 캐릭터의 전사, 복선 회수 등의 쿠키 영상을 서비스하거나 캐릭터별 팬미팅을 기획할 수도 있다. 더구나 디지털 캐릭터들은 24시간 시차 없이 전 세계 팬들과 소통할 수 있으며, 스케줄이나 비용 부담 없이 다양한 마케팅 활동에 투입됨으로써 콘텐츠의 팬덤을 유지하고 확장하는 데 기여한다.

현재 동영상 생성 AI의 생성 시간, 모션 등 제한적 기능 때문에 활용되는 사례가 많지 않지만 보완할 대체 기술이 충분한 데다 동영상 생성 AI의 발전 속도가 매우 빠르기 때문에 콘텐츠 디지털 마케팅의 새로운 방향이 될 것으로 기대된다. 단편 영화와 광고에서는 이미 많은 활용 사례들이 축적되고 있다.

또한 AI는 디지털 콘텐츠의 제작뿐 아니라 콘텐츠 마케팅 전반에 영향을 미칠 것으로 기대된다. 소셜 미디어나 광고를 위한 이미지 제작에 이미 활발히 활용되고 있음은 물론 마케팅 전략이나 고객별 큐레이션 등 다양한 마케팅 활동들이 인공지능의 도움으로 고도화, 효율화되고 있기 때문이다.

09
IP 트랜스미디어의 해법을 제시하다

휘발성이 높은 콘텐츠의 생명력과 수익성을 확장하는 것은 콘텐츠 산업의 오랜 숙제다. 제작비와 시간적 부정교합 등의 이슈로 지지부진했던 트랜스미디어가 AI 기반 웹툰과 애니메이션 등을 중심으로 활성화되고 있다. 트랜스미디어로 확장된 스토리는 해당 장르의 팬을 유입하는 동시에 원형 콘텐츠의 세계관을 확장하고 정교화함으로써 IP의 팬덤을 장기적이고 강력하게 만든다.

AI와 화장품?

콘텐츠 산업의 가장 오래된 숙제 중 하나는 콘텐츠의 휘발성을 억제하는 것이다. 아무리 재미있고 감명깊은 콘텐츠라고 해도 극장에서 내려지면, 드라마의 마지막 회차가 종영되면 그 인기가 급락한다. 영화의 경우 예전에는 윈도우 전략, 즉 극장, VOD, 케이블, 지상파에서 순차적으로 상영하며 그 인기와 화제성을 유지하는 전략을 활용했는데 이제 극장 종영 즉시 OTT에서 상영되기 때문에 더 이상 유사 전략을 사용하기 어렵다. 방송 콘텐츠는 사정이 더 어렵다. 미국은 과거 전국 네트워크에서 방영한 콘텐츠를 지역 채널에서 재방영하는 신디케이션 전략과 인기 드라마의 시리즈를 연속적으로 제작 및 런칭하는 프랜차이즈 전략을 활용했다. 그러나 글로벌에서 동시에 론칭하는 OTT가 주력 소비 미디어가 된 지금은 신디케이션 전략을 사용할 수 없다. 또한 신디케이션과 프랜차이즈를 활용하기 어려운 우리나라 콘텐츠 환경에서는 더욱 요원한 일이다.

그래서 최근 콘텐츠를 IP로 만드는 전략이 주목받고 있다. 휘발성이 높고 수익원이 제한적인 콘텐츠가 아니라 오랜 기간 팬들로부터 사랑받으며 광고나 유통 수익 외에도 다양한 수익을 창출해 낼 수 있는 IP로 만드는 것이다. 물론 대단히 잘 만들어져 대중적 인기를 확보한 소수의 작품은 존재만으로도 IP가 된다. 하지만 대부분의 콘텐츠는 쉽게 잊히고 인기의 휘발과 함께 수익성도 소멸된다. 이런 콘텐츠들의 생명력을 연장하기 위한 방법이 트랜스미디어다. 콘텐츠의 인기와 팬들이 사라지기 전에 영화나 드라마 대비 훨씬 제작 기간이 짧은 웹툰이나 애니메이션 같은 장르의 콘텐츠들을 서비스해 팬덤을 유지하고 수익성을 보전하는 전략이다. 그러나 트랜스미디어에도 어려움이 있다. 영화나 드라마보다는 비용과 시간이 적게 든다 하더라도 웹툰이나 애니메이션도 제작 비용과 시간이 상당히 든다. 특히 애니메이션은 드라마만큼의 제작 기간이 소요되는 작품도 많아 트랜스미디어가 활성화되기 어려웠다. 그러나 이제 AI의 발전이 트랜스미디어의 활성화를 견인할 수 있다.

트랜스미디어에 활용되는 AI

영화나 드라마를 트랜스미디어한다면 선택할 수 있는 옵션은 매우 다양하다. 영화라면 드라마로 제작하기도 하고, 웹툰이나 출판 만화는 물론 웹소설이나 출판 소설로 전환할 수도 있다. 애니메이션이나 뮤지컬 혹은 숏폼으로도 재탄생시킬 수 있다. 보통 트랜스미디어는 원 소스 멀티 유스(OSMU, One Source Multi Use)와 혼용되기도 하는데, OSMU가 같은 스토리를 장르만 바꾸어 풀어내는 데 반해 트랜스미디어는 동일한 세계관에서 새로운 미디어 장르에 최적화된 새로운 스토리텔링을 추구한다는 데 차이가 있다. 또한 빅히트작의 팬덤에 기대어 장르를 다변화하는 OSMU에 비해 인기가 제한적인 콘텐츠들을 활용하는 경우가 많으므로 장르 확장에 몇가지 전제 조건이 필요하다.

전환된 장르 자체로 수익성이 담보되어야 하는 것은 기본이며, 제한적 팬덤이 휘발되기 전에 팬덤을 활용할 수 있으려면 무엇보다 빠르게 제작될 수 있어야 한다. 빅히트작 대비 성공 확률이 높지 않기에 제작비의 리스크도 크지 않아야 한다. 또한 개발된 스토리가 본래 영상 콘텐츠에 다시 활용될 수 있다면 시너지는 배가될 것이다. 수익성, 제작 기간, 비용, 시너지 등의 조건들을 고려할 때 주로 언급되는 것이 웹툰과 애니메이션이다.

국내 웹툰 산업의 성장성이 다소 둔화되기는 했지만 웹툰의 시장성은 이미 검증되었으며, 글로벌 확장성도 매우 높다. 히트 웹툰은 국내에서도 충분한 수익을 창출할뿐더러 AI 통번역을 활용해 해외 시장에서 빠른 수익을 기대할 수도 있다. 또한 캐릭터를 활용한 굿즈, 완구나 라이선스 사업으로 확장하기가 용이해 높은 수익성을 기대할 수 있다. 또한 영상 콘텐츠의 타깃과도 중첩성이 높기 때문에 새롭게 만들어진 스토리나 캐릭터, 세계관을 영상 콘텐츠에 재반영하거나 이를 활용해 새로운 영상 콘텐츠향 스토리를 만드는 것도 가능하다. 이제 남은 것은 비용과 제작 속도인데 이미 웹툰 업계에서는 AI의 활용이 매우 활발하다.

현재 가장 활발히 활용되는 기술은 네이버 웹툰의 AI 페인터다. AI 페인터는 웹툰 작가가 원하는 위치와 색을 선택하면 웹툰의 채색을 자동화하는 기술로, 작가들의 시간과 노력을 절약할 수 있도록 돕는다. 또한 스토리만 있으면 캐릭터와 그림을 생성해 완성된 웹툰을 제작할 수 있는 솔루션들도 속속 등장하고 있다. 국내 기업 라이언로켓(LionRocket)의 젠버스(Genvas)나 미국의 로어 머신(Lore Machine) 등은 웹툰 제작 속도와 비용을 혁신적으로 감축할 수 있는 솔루션이다. 젠버스는 10여 장의 그림을 활용해 일관성 있는 캐릭터를 구현할 수 있는 기술로 기존 대비 웹툰 제작 속도를 대폭 줄일 수 있어 많은 웹툰 제작사들과 협업 중이며, 실리콘밸리 투자사 밀레니엄 뉴 호라이즌스(Millennium New Horizons)의 투자를 유치하기도 했다. 로어 머신은 3만 단어까지 스토리를 입력하면 이에 맞춰 다양한 스타일의 캐릭터와 이미지를 생성해 웹툰이나 그래픽노블을 만들 수 있는 AI 솔루션이다. 작가들이 스토리를 입력하면 일관성 있는 웹툰 컷을 1,700장 이상 생성해 낸다. 이미지는 미국식 카툰 혹은 한국식 만화 등으로 취향에 따라 선택할 수 있으며 생성된 이미지들을 활용해 빠르게 웹툰을 완성할 수 있다.

예전에 AI를 활용해 제작된 웹툰들 중에는 독자들의 혹평을 받았던 작품들이 많다. 웹툰 〈신과 함께 돌아온 기사왕님〉은 옷이나 손, 머리카락 모양이 부정확하며 채색이 선명하지 않아 많은 비난을 받았다. 하지만 최근 개발되는 솔루션들은 높은 이미지 퀄리티뿐만 아니라 헤어스타일이나 표정 등 스타일의 일관성을 유지하는 데 집중해, 넷플릭스 인기 애니메이션 〈러브, 데스+로봇〉의 웹툰이 로어머신의 AI로 개발되는 등 상업적 활용이 가속화되고 있다.

AI의 창작물에 대한 저작권도 이슈여서, 미국 작가 크리스 카시타노바(Kris Kashtanova)는 미드저니를 이용해 만화 〈새벽의 자리야(Zarya of the Dawn)〉를 창작했으나 미국 저작권청은 인공지능이 그린 그림의 저작권을 박탈했다. 다만 저작권청은 작가의 그림 선택과 배치에 대해서는 저작권을 부여함으로써 인공지능 기술을 창의적으로 활용한다면 보호받을 수 있다는 기준을 제시했다. 이렇듯 웹툰의 AI 활용에서 품질에 대한 독자 반발과 저작권 등이 이슈로 작용하고 있지만, 기술의 발전이 매우 빠르며, 특히 국내의 경우 독자들의 작화에 대한 기준이 매우 높고 창작가들에 대한 존중이 전제되어 있으므로, 이들 이슈를 돌파할 수 있는 AI 창작 기술 개발에 앞장설 것으로 기대된다.

애니메이션의 경우 사정이 조금 더 복잡하다. 애니메이션은 작화 등 제작 기간이 매우 길고, 제작 비용 또한 적지 않다. 그러나 이미지 생성 AI 도구를 활용해 캐릭터의 디자인을 빠르게 제작한 후 런웨이 젠2, 피카랩스 같은 동영상 제작 AI를 결합하는 방식으로 제작비와 제작 기간을 축소할 수 있을 것이다. 애니메이션은 웹툰에 비해 산업의 규모도 훨씬 큰 데다 캐릭터, 완구, 라이선스 등 연관 산업의 규모도 거대하다. 게다가 문화적 할인율이 낮아 AI 통번역을 통한 글로벌 팬덤 확보가 가능하고, 소비되는 기간도 매우 길어 트랜스미디어 전략을 활용하기에 적합한 장르다.

산업 전망

트랜스미디어 전략을 통해 콘텐츠의 생명력과 수익성을

확장하는 것은 콘텐츠 산업의 오랜 바람이었다. 그동안 제작비와 시기적 부정교합 등의 이슈로 제한적으로만 진행되어 왔던 트랜스미디어 전략이 AI 기반의 웹툰과 애니메이션을 중심으로 활성화될 것으로 기대된다. 웹툰과 애니메이션으로 확장된 스토리는 그 자체로 완결성을 지니며 해당 장르의 소비자층을 팬으로 유입하는 동시에 원형으로서의 영상 콘텐츠 세계관을 확장하고 정교화함으로써 기존 시청자들의 더 많은 소비를 촉진한다. 또한 확장된 세계관은 프랜차이즈, 스핀오프 등 새로운 영상 콘텐츠로 발현되므로 팬덤은 더욱 장기화되고 강력해질 수 있다.

이렇듯 AI로 활성화된 트랜스미디어는 뮤지컬, 출판, 게임 등 더 많은 트랜스미디어로 확장될 것이며, 소비자의 이용 행태 또한 시청에 국한되지 않고 참여, 공유 등으로 확대되며 콘텐츠의 팬덤과 수익성을 강화한다. 또한 다양한 트랜스미디어는 연령, 성별, 취향에 관계없이 우리의 스토리를 일상 속에서 경험하게 함으로써 K드라마, K무비, K웹툰, K팝 등 장르별로 단절된 K컬처 수용자들을 확장하고 결합해 한국 문화 콘텐츠의 영향력을 제고하는 데 기여할 것이다.

10
레거시 콘텐츠 사업의 미래

회사 수준에서 진행되고 있는 AI는 아직은 실무에서 그 효과를 실감할 정도의 수준은 아니다. 그렇다고 급속하게 진행되고 있는 AI 속도전에서 기완성된 기술을 활용하는 방송사나 제작사가 이를 내재화하는 것도 비용 대비 효과라는 측면에서 권장할 만하지 않다. 다만 외부에서 이미 만들어진 AI 도구를 활용해 전반적인 AI 스킬셋을 갖추려는 노력은 필요하다. 이 대목에서 몇 가지 툴을 정리하고 이용 가능성을 살펴보았다. 그러나 가장 필요한 일부 툴은 국내 시장에서 쓸 수 없다는 점에서 사회적 관심이 필요하다.

종교와 AI?

회사 수준에서 진행되고 있는 AI의 수준은 아직 즉각적인 성과를 낼 정도는 아니다. 제작 단계별로 개인들이 써 볼 수 있는 AI 서비스들이 더러 있긴 하지만, 국내 서비스에 적합하지 않은 것들이 대부분이다. 가장 현실성이 있다고 판단되는 LED 월조차도 보편적으로 쓰기에는 해결해야 할 이슈가 여전히 남아 있다.

AI 서비스를 기획하는 사업자라면 개척해 볼 만한 시장이 열렸다. 북미에서는 일반적인 로케이션 스카우팅이나 캐스팅 솔루션만 하더라도 국내에서는 아직 쓸만한 서비스가 없기에 이 영역을 개척하고자 하는 사업자들이라면 환영받을 만하다. 물론 방송사가 개발사나 AI 서비스 사업자가 되지 말라는 법은 없다. 콘텐츠 제작 경험이 많은 방송사가 가려운 곳을 찾아 직접 개발해서 이를 서비스화하는 것도 충분히 상상 가능한 확장 전략이기 때문이다. 그러나 방송사가 좀 더 나은 창작 환경을 만들기 위해서 기존 AI 서비스를 내재화하고 최적화하려는 목적이라면 소수의 AI 도구 말고는 쓸 만한 도구가 없는 것이 현실이기도 하다. 본문에서 언급했듯이 북미에서 각광을 받고 있는 로케이션 스카우팅이나 캐스팅 솔루션 등은 언감생심이다.

따라서 부분적으로 AI의 도움을 받을 순 있지만, 전체 제작 공정 중에서 일부분에 불과하기 때문에 2024년 12월 현재 수준에선 AI를 활용해 가시적인 성과를 만들어내긴 어렵다. 불가능하다는 말이 아니다. 미드저니, 런웨이 등으로 자랑할 만한 콘텐츠는 만들 수 있다. 그러나 파격은 한두 번이어야 한다. 결국 승부는 파격이 아니라 일상적이고 평범한 제작 환경에 얼마만큼 수용될 수 있느냐에 달렸는데, 아직은 그 단계가 아니라는 점이다.

가장 큰 문제는 AI가 도입되었을 때의 성과 지표가 분명하지 않다는 것이다. 예를 들어 자연어 처리 등은 표준 기술이지만, 이를 훈련시켜 쓸모 있는 것으로 만든 뒤 다시 특정 목적에 맞는 AI 서비스로 만들기 위해서는 소위 파인 튜닝(fine tuning)을 거쳐야 하기 때문에 결국은 시스템 통합(SI) 수준이 되어야 쓸 만해진다. 그런데 쓸모가 있다는 것이 성과를 의미하는 것은 아니다. 영역별로 AI가 진행되고 통합되어야 그 성과가 극대화되기 때문이다. 이런 상황에서는 개별 단위 유닛 차원의 비용 절감은 발생할 수 있지만, 회사 차원의 비용 절감 효과가 크지 않을 가능성이 높다. 이 때문에 회사 차원에서 AI를 도입할 때는 목적과 필요성을 명확히 하고, 기술적 완성도가 높은 것부터 진행하는 것이 바람직하다.

기술적 완성도가 영역별로 파편화되어 있고 완성도가

높지 않으면 또 다른 문제가 발생한다. 바로 AI 도입을 하더라도 지금 당장 경쟁력이 높아지는 것은 아니라는 점이다. 중장기적으로 보면 거의 모든 사업자가 서로 유사한 타이밍에 유사한 방식으로 일반 AI와 생성형 AI를 도입할 것이 뻔하기 때문에 생성형 AI 도입으로 경쟁사 대비 차별화를 가져오거나 우위를 점하기도 쉽지 않다. 언론 등 다양한 트렌드 보고서와는 달리 해외 방송 사업자라고 하더라도 대동소이하다. 대부분의 B2B 솔루션이 그러하듯, 외부 회사의 솔루션을 화이트 라벨링(white labeling)을 해서 가져오거나 외부 회사의 솔루션을 튜닝하는 정도이기에 앞선 기업의 기술을 차용하는 것이 그리 어렵지는 않다. 비용 절감이 목적이든 생산성 향상이 목적이든 기술 그 자체는 보편적으로 적용될 가능성이 높기 때문에 차별화의 요인이 되지 못한다. 남들은 다 하는데 나 혼자만 고집을 피워서 하지 않는다면 모를까 한국 시장에서 그런 강짜를 부릴 수 있는 기업은 없다는 점에서 다 엇비슷하고 대동소이한 기술을 보유할 것이기 때문에 그 자체로 차별화가 이루어질 것으로 보기 어렵다.

이 때문에 방송 사업자의 AI 도입 결정은 난도가 매우 높을 수밖에 없다. 목적성과 필요성을 정리했다면 그 다음으로는 효율성을 극대화할 수 있는 영역을 찾아야 한다. 창작 활동은 기획에서부터 마케팅에 이르기까지 복잡한 단계가 얽혀 있을 뿐만 아니라 연결되어 있다. 어느 특정 영역에서 AI를 도입했을 때 전체 공정의 효율성을 극대화할 수 있는 영역을 찾아내야 한다. 또한 창작 활동의 모든 작업이 서로 연결되어 있기 때문에 특정 공정을 AI화할 경우 반작용도 있다는 점도 반드시 고려해서 도입 영역과 우선 순위를 정하는 것이 필요하다.

우선 방송사가 해야 할 일과 제작진이 할 일을 구분하는 것이 중요하다. 제작비 절감을 위해 방송사가 아무리 우선 순위를 정하고 AI 활용을 독려한다 하더라도 특별한 효용이 검증되지 않은 상태에서 제작진이 이를 수용할 가능성은 높지 않다. 제작진의 역할은 최상의 품질로 콘텐츠를 제작하는 것이지 비용을 절약하는 것이 아닌 까닭이다. 그러니 제작진에게 AI 사용을 강제하기보다는 다양한 기성 AI 툴과 기대 효과를 소개해 품질 개선 가능성을 제시하거나, 이를 활용해 절약한 제작비를 전체 제작비에 재산입해 콘텐츠 품질을 높이는 데 사용할 수 있도록 독려하는 것이 우선이다. 물론 아직은 기성 툴들의 수준이 높지 않아 단기간에 놀랄 만한 성공을 기대하기는 어렵지만 이것이 AI 툴을 적용하는 동인이 되어 창의적 활용으로 연결되고 성공 사례들이 축적된다면 전체 제작 환경을 혁신하는 데 기여할 수 있을 것이다.

제작 과정의 자율성을 보장한 후 방송사는 제작진이 실행하기 어려운 시스템 구축에 집중해야 한다. 메타태깅, 콘텐츠 반응 분석, 번역 및 더빙, 트랜스미디어 등은 기성 툴을 적용할 수 없어 방송사의 투자와 제휴가 불가피한 영역이다. 이 역시도 단기와 중단기로 나누고, 방송사의 전략과 자원에 따라 각자 취사 선택해야 한다. OTT 플랫폼의 글로벌 확장을 계획하는 사업자라면 번역 및 더빙을 우선 추진하고, 유튜브를 통한 콘텐츠 마케팅이 필요하다면 메타태깅이나 애니메틱스를, 기존 콘텐츠의 실패가 뼈아프다면 반응 분석 등에 우선 집중하는 것이 효율적일 수 있다.

반면 전체 경쟁 생태계 측면에서 보면 조급할 수 있다. AI는 레거시 미디어가 직접 활용하기에는 아직 한계가 많지만, 그 아래 시장에서 이용하기에는 나쁘지 않은 수준이기 때문이다. 앞서 언급한 대로 제도권 사업은 저작권 등 관련 제반 조항이 해소되어야 할 뿐만 아니라 생성되는 콘텐츠의 품질이 아직은 제도권 수준에 도달하지 못한 상황이라서 시간이 필요하다. 그러나 유튜브 등 일반 시장은 다르다. 일단 현재 시중에 나온 대부분의 생성형 AI는 특수 목적용이 아니라 일반인들이 사용할 수 있는 범용 서비스라는 점에 주목하자. 특정한 계층이 사용하는 기술이 아니라 일반인들도 저렴한 비용만 지불하면 이용할 수 있는 시장으로 바뀌어 가고 있다. 하드웨어가 보편화되는 것을 넘어 소프트웨어의 보편적 이용이 일반화된 것이다. 스마트폰이 전문가급 카메라의 화질 차이를 극복했다면, AI는 전문가급 편집의 차이를 극복하게 되었다. 숏폼을 비롯한 UCC, UGC 콘텐츠가 양산될 수 밖에 없는 상황이 되었다. 1차 콘텐츠 폭증을 지나 2차 콘텐츠 생산 폭증이 발생하는 것을 염두에 두어야 한다.

1차 콘텐츠 폭증은 인터넷과 유튜브의 등장의 결과다. 인터넷으로 매체 접근권이 평준화되었다. 평준화의 결과 우리는 상상하지 못할 정도의 콘텐츠 생산 시대에 돌입했다. 초기에는 UCC, UGC 콘텐츠만 넘쳐 났지만, 얼마 되지 않아서 레거시 콘텐츠 사업자들의 클립부터 요약 그리고 전체 화면이 공개되기에 이르렀다. 2023년 기준 매분 500시간의 동영상 콘텐츠가 업로드되고 있다. 일간 단위로 환산하면 72만 시간 분량이다. 이 중 레거시가 차지하는 비중은 대략 5% 정도고, 이용 시간으로 따지면 대략 20% 정도를 차지하고 있다. 이런 상황에서 레거시 콘텐츠의 이용 시간은 지속적으로 감소하고 있다. 미국 시장의 경우 2010년 일 평균 4시간 30분에 달했던 레거시 콘텐츠 이용 시간은 2023년 2시간 55분으로 감소했다. 국내에서도 2010년 일간 3시간 50분 정도였던 이용 시간이 2023년 2시간 30분으로 감소했다. 여러 요인이 결합해서 발생한 결과이긴 하겠지만 이용 가능한 콘텐츠 양의 증가가 자연스럽게 레거시 콘텐츠의 이용 감소로 이어진다는 것은 분명해 보인다.

생성형 AI와 레거시 미디어

이런 상황에서 생성형 AI가 등장했다. 이미 시장에는 틱톡(TikTok)이나 릴숏(Reelshort)과 같은 숏폼 전문 플랫폼이 등장한 상황이다. 국내에서는 1,200억 원의 투자를 받은 비글루(Vigloo)가 숏폼 플랫폼을 론칭했고, 이보다 먼저 2024년 4월에 톱릴스(TOPReels)가 론칭했다. 규제 회피 영역이었던 숏폼 시장에 중국 규제 당국도 관심을 보이기 시작했고, 숏폼 시장의 성숙과 함께 숏폼에 대한 기대치도 높아졌다. 이 때문에 한국 레거시 콘텐츠 제작 사업자들이 앞다투어 숏폼 드라마 시장에 뛰어들고 있는 상황이다. 올리브나인 대표 출신인 고대화 대표의 코탑미디어나 국내 최대 자막/더빙 사업자였던 박원빈 대표의 애드윈스튜디오를 비롯해 수십 개의 레거시 콘텐츠 사업자들이 숏폼 동영상을 제작하고 있다. 일주일 정도의 시간에 적게는 3,000만~5,000만 원, 많게는 1억~1억 5,000만 원 정도의 제작비로 1분~1분 30초 분량의 콘텐츠 60편 정도를 제작하려는 사업자들이 줄을 서고 있는 실정이다.

더구나 이 시장에는 실제 이용자의 눈높이를 맞출 필요 없는 잠재적 크리에이터들도 넘쳐 난다. 정부 등에서 조만간 각종 콘테스트나 지원 정책을 발표할 것이 뻔하기 때문에 숏폼류의 콘텐츠 생산이 급증할 개연성이 매우 높다. 한마디로 정리하면 무료로 볼 수 있는 콘텐츠가 지금보다 확실히 많은 시장이 될 것이라는 점이다. 상대적으로 제작 난도가 낮은 음악의 경우 유튜브 등장 이후 얼마나 많은 창작곡들이 등장했는지 상상해 보면 영상 시장에서 벌어질 일을 예측해 볼 수 있다. 영상 시장에도 각종 AI 도구를 활용해서 흥미로운 영상을 제작할 이들이 많기 때문이다.

긴 콘텐츠는 전문성의 차이가 드러나지만 짧은 콘텐츠는 전문성의 차이를 감출 수 있다. 그 역시도 고객의 눈길을 잡는 그만의 노하우가 있겠지만 그럼에도 시간을 죽이자고 보는 시청자들은 그 차이에 그다지 신경을 쓰지 않는다. 37만 원짜리 파인다이닝에 들어갈 때는 주차 응대부터 테이블 세팅 등 모든 것에 신경을 쓰지만, 1,000원짜리 길거리 음식으로는 요기를 할 수만 있으면 될 뿐이다. 어색한 연기, 개연성 떨어지는 설정도 문제가 되지 않는다. 1분 짜리 콘텐츠에 웅대한 스토리라인을 기대하지도 않는다. 스마트폰을 꽉 채우는 화면, 무슨 말인지 알아들을 수 있는 자막, 적당한 배경 음악 정도면 충분하다. 10대 재벌 회장이 30대고, 후줄근한 양복을 입고 있다고 하더라도 전혀 문제가 되지 않는다. 그럼에도 고객들은 넘치고, 이런 콘텐츠를 생산하는 틱톡의 순이엔터나 크레이지 메이플 스튜디오(Crazy Maple Studio)의 릴쇼(Reelshow)는 돈을 번다. 최근 나온 조사에 따르면 국내의 숏폼 이용 시간은 월 평균 52시간이다. OTT 플랫폼이 월 평균 7시간인 것에 비해서 압도적인 이용량이다. 이런 상황에서 생성형 AI의 도입으로 숏폼 콘텐츠 등이 넘쳐 나는 상황을 염두에 두어야 한다. 즉 현재의 레거시 사업자들이 생성형 AI를 얼마나 도입할 것이냐는 질문과는 별개로, 생성형 AI 도입으로 콘텐츠가 폭증한 이후에 레거시 사업자들은 어떻게 할 것이냐는 질문을 던져야 한다.

1950~1960년대 TV가 주류 매체로 성장한 상황에서

과거의 주류 매체였던 영화를 제작하던 영화 제작 사업자는 큰 방향에서 두 가지 선택을 했다. 하나는 TV 제작 시장으로 진입하는 것이었고, 또 다른 하나는 TV와 경쟁할 수 있는 새로운 유형의 영화를 제작하는 것이었다. 준비가 덜 된 상황에서 TV 제작 시장에 진입했던 사업자들은 재무 부담을 이기지 못하고 시장에서 매각되거나 사라지는 상황에 직면했고, 새로운 유형의 영화를 제작하는 건 스티븐 스필버그나 마틴 스코세이지와 같은 새로운 세대의 등장 이후에야 가능해졌다. 영화는 스스로가 고객을 만날 수 있는 접점을 극장 위주에서 OTT로 확장했으나, 소형 사업자는 결실을, 대형 사업자는 손실을 보는 상황에 직면했다. 1차 윈도우로 TV 시장에 진입하고 있는 영화 대비 TV 콘텐츠는 경쟁력을 가지고 있는지, 유튜브를 비롯해서 자극적인 숏폼 드라마가 사람들의 눈길을 사로잡는 상황에서 TV가 수익성을 갖출 수 있을지에 대한 고차 방정식의 답을 찾아야 한다.

정리해 보자. 생성형 AI는 보편적 기술이다. 기술의 해자를 만들 수는 없다. 콘텐츠 시장의 해자는 창의력으로 다시 회귀할 수밖에 없다. 소위 AI 숙련도가 콘텐츠 제작에서 필수 요소로 부각할 것이다. 동일한 툴이라도 어떤 프롬프트를 쓰고 요구하냐에 따라서 AI가 산출하는 결과는 천양지차다. 콘텐츠 사업자에게는 AI 숙련도를 높여 또 다른 진입 장벽을 만들어야 한다는 새로운 과제가 생겼다. 그렇지 않으면 세상은 지금보다도 손쉬운 콘텐츠가 넘쳐 나 차원이 다른 콘텐츠 지옥이 생길 수도 있다. 생성형 AI는 R&D 단계의 수준을 벗어나 활용 및 실용 수준이 되었다. 콘텐츠 제작 단계별로 모두 침투해 자잘하고 소소한 일에서부터 외주를 주어야 했던 일까지 모두 내부적으로 감당할 수 있도록 지원하고 있지만, 워크플로마다 그 수준의 차이가 있다는 점은 분명하다. 다만 그 지원의 수준이 적든 많든, 콘텐츠 사업을 구성하는 필수 요소였지만 다른 업무 등으로 인해서 상대적으로 소홀했던 창의성과 제작 역량이 오롯이 전면에 등장하게 된다. 창의성이 조금 떨어지더라도 누군가의 선택을 받아 제작이 가능했던 시장은 사라지고, 순수하게 창의성만으로 평가받고 선택받는 엄격한 시대가 도래하고 있다. 그 시장에서 우리는 살아남을 수 있을까? 우리의 창의성은 남들을 압도할 만큼 창의적인지 살펴볼 수 있는 '진실의 순간'이 오고 있다.

조영신

미디어, ICT 산업 및 콘텐츠 비즈니스 전문가로서 기업, 기관, 학계를 넘나들며 급변하는 글로벌 미디어 산업과 콘텐츠 비즈니스의 생태계 변화에 관한 날카로운 분석과 통찰력 넘치는 인사이트를 제공하고 있다. 연세대학교 신문방송학과를 졸업한 뒤 인디애나대학에서 석사를 수료하고 펜실베이니아주립대학에서 미디어 산업 정책으로 박사 학위를 받았다. 미디어 산업의 트렌드를 분석하고 시장을 예측하며 SK경영경제연구소의 수석연구원, SK브로드밴드 경영전략그룹장으로 일했다. 2014년 화제의 ≪뉴욕타임스 혁신보고서≫를 발 빠르게 번역해 저널리즘 시장에 한바탕 바람을 일으켰다. 한국방송학회 대회협력이사, 한국언론학회 커뮤니케이션 정책연구회장으로도 활동하면서 다양한 강의와 연구 및 저술 활동을 통해 세상의 변화를 고민하고 혁신을 이루려는 이들과 꾸준히 소통하고자 한다. 최근에는 『애프터 넷플릭스』를 출간했다.

이종민

2024년 2월까지 CJ ENM의 IP 개발센터장으로 근무 후 현재 자문역을 수행 중이다. 삼성, SK, CJ에서 케이블 방송 채널, 인터넷 방송, 모바일 위성방송, 극장, OTT 등 다양한 미디어 사업을 운영하고 리드했다. CJ 미래경영연구원 미디어 분야 연구원과 CJ ENM의 CSO 역할을 수행하며 미디어와 콘텐츠 산업의 미래 진화 방향을 전망하고 대응 전략을 수립했다. 이후

CJ ENM R&D센터를 신설해 xR, AI, 메타버스 등 콘텐츠 진화를 위한 미래 기술을 발굴하고 적용했다. IP 개발센터를 운영하면서 IP 발굴 및 개발, 트랜스미디어 등을 통해 콘텐츠의 장기적이고 다양한 수익화 방안을 연구 및 추진했다. 한국경제신문에서 칼럼 "이종민의 콘텐츠 비하인드(2022년 4월~2024년 2월)"를 연재했다.